Randy Alcorn

Behüte dein Herz

**Warum es wichtig ist,
mit Sexualität richtig umzugehen**

Christliche Literatur-Verbreitung e. V.
Postfach 11 01 35 · 33661 Bielefeld

Die Bibelstellen sind in der Regel zitiert nach der Lutherbibel, revidierter Text 1984, neue Rechtschreibung. An manchen Stellen, die entsprechend gekennzeichnet sind, wurde die Schlachterbibel verwendet (*Die Bibel, übersetzt von F. E. Schlachter [Version 2000]*, Genfer Bibelgesellschaft und CLV Bielefeld, 3. Aufl. 2009).

Originally published in English under the title:
The Purity Principle by Randy Alcorn
Copyright © 2003 by Eternal Perspective Ministries
Published by Multnomah Books
an imprint of The Crown Publishing Group
a division of Random House, Inc.
12265 Oracle Boulevard, Suite 200
Colorado Springs, Colorado 80921 USA

International rights contracted through:
Gospel Literature International
P.O. Box 4060, Ontario, California 91761-1003 USA

This translation published by arrangement with
Multnomah Books, an imprint of The Crown Publishing Group,
a division of Random House, Inc.

1. Auflage 2013 (CLV)
(früher erschienen im Verlag SCM Hänssler, Holzgerlingen)

© der deutschen Ausgabe 2013 by CLV
Christliche Literatur-Verbreitung
Postfach 11 01 35 · 33661 Bielefeld
Internet: www.clv.de

Übersetzung: Dr. Friedemann Lux
Satz: CLV
Umschlag: Lucian Binder, Marienheide
Druck und Bindung: CPI – Ebner & Spiegel, Ulm

ISBN 978-3-86699-153-8

*Meinen Brüdern und Schwestern,
die sich von den niederen Vergnügungen der Lüge
abgewandt und den wahren Freuden zugewandt haben
und so Überwinder für Jesus geworden sind.*

*»Vor dir ist Freude die Fülle und Wonne
zu deiner Rechten ewiglich.«*
Psalm 16,11

Danke

*Ich möchte meinem Lektor und Freund,
Larry Libby, danken,
der das, was ich zusammengeschrieben hatte,
so bearbeitete und konzentrierte, dass es auf diese Seiten
passte. Larry hatte auch die Idee mit Jona 2,9.
Ich hatte diesen Vers noch nie mit sexueller Reinheit in
Verbindung gebracht.
Ein herzliches Dankeschön auch an SL, NR, HT und NK
für ihre wertvollen Anmerkungen zum Manuskript.*

Randy Alcorn ist der Gründer und Direktor der »Eternal Perspective Ministries« und der Autor von vielen preisgekrönten Bestseller-Büchern. Er hat zwei erwachsene Töchter und lebt mit seiner Frau Nanci in Gresham, Oregon.

Inhalt

Verspielt! — 7
  Entscheidungen, die uns ruinieren — 8

Im eigenen Interesse — 13
  Mehr als ein Motiv — 16
  Seien Sie nicht dumm! — 17
  Wir haben die Wahl — 19
  Die Mutter aller Schlachten — 21

Warum ist das mit dem Sex so wichtig? — 23
  Die Macht der Sexualität — 24
  Wo sind Ihre Grenzen? — 25
  Reinheit ist Gottes Wille — 26
  Wem gehört mein Körper? — 28

Im Visier des Teufels — 30
  Vertuschen zwecklos — 32
  Sexuelle Sünde hat Folgen — 33
  Die Lügen des Teufels erkennen — 34
  Wahre Befriedigung — 36

Der Kampf der Gedanken — 38
  Wo Sünde herkommt — 39
  Schützende Grenzen — 41
  Giftschlange und Vanilleeis — 43
  Wie sexuelle Begierde wirkt — 46
  Ein Bund mit meinen Augen — 47
  Entgiftungstherapie — 47

Die richtigen Strategien — 50
  Nichts wie weg! — 51
  Abstand halten — 52

Vorbeugen ist besser als heilen	53
Das innere Leben kultivieren	55
Mit der Bibel kämpfen	56
Es ist möglich	57

Ganze Sache — 61

Das ganz normale Böse	62
Der radikale Jesus	63
Tun, was nötig ist	64
»Aber …«	67
Zu viel verlangt?	68
Umgang mit dem Internet	69
Den Fernseher beherrschen	70

Tipps für Singles — 72

»Wie weit darf ich gehen?«	73
Der richtige Umgang	74
»Miteinander gehen« ist Kür, nicht Pflicht«	74

Tipps für Paare und Eltern — 77

Die eigene Ehe pflegen	77
Das Feuer wieder entfachen	79
Ehrlich währt am längsten	80
Unsere Kinder	82
Von Bienen und Maikäfern	84

Vergebung und Vorbeugung — 85

R wie »Rechenschaft«	86
Risikoprüfung	89
Schluss: Wir können es schaffen!	91
»Dann wirst du sicher auf deinem Weg gehen …«	93
Eine letzte Frage	94

Anmerkungen — 95

Verspielt!

Eric stürmte in mein Büro und ließ sich auf einen Stuhl fallen. »Ich bin echt wütend auf Gott.«

Der Sohn gläubiger Eltern, der christlich erzogen worden war, hatte ein gläubiges Mädchen kennengelernt und geheiratet. Jetzt war er ein Häufchen Elend.

»Ach ja«, sagte ich. »Warum bist du wütend auf Gott?«

»Weil ich letzte Woche Ehebruch begangen habe.«

Eine lange Pause. Dann sagte ich: »Ich verstehe, dass Gott vielleicht wütend auf dich ist, aber warum bist *du* wütend auf *ihn*?«

Eric erklärte, dass er sich seit Monaten stark zu einer Kollegin in seinem Büro hingezogen gefühlt habe und sie sich zu ihm. Und dass er Gott bestürmt hatte, ihn vor Unmoral und Ehebruch zu bewahren.

Ich fragte ihn: »Hast du deine Frau gebeten, für dich zu beten? Hast du Abstand von dieser Kollegin gehalten?«

»Nein, eigentlich nicht. Wir sind fast jeden Tag zusammen zum Mittagessen gegangen.«

Ich begann, ein großes Buch langsam über meinen Schreibtisch zu schieben. Eric schaute zu, sein Gesicht ein Fragezeichen. Das Buch rutschte immer näher zu der Tischkante. Ich betete laut: »Herr, gib, dass das Buch nicht auf den Boden fällt – bitte!«

Ich schob und betete weiter, bis das Buch über die Tischkante kippte und laut auf den Boden knallte. Dann sagte ich: »Eric, ich bin echt wütend auf Gott. Ich hab ihn so gebeten, das Buch nicht fallen zu lassen – und jetzt schau dir das an!«

Entscheidungen, die uns ruinieren

Ich höre heute noch, wie dieses Buch auf den Fußboden fiel. Es war ein Bild für Erics Leben. Jung, begabt, von Gott gesegnet mit einer Frau und einem kleinen Mädchen, hatte Eric eine große Zukunft vor sich.

Seine traurige Geschichte endete nicht an jenem Tag. Er begann, seiner eigenen Tochter unsittlich nachzustellen. Er hat mehrere Jahre im Gefängnis verbracht. Obwohl er seine Taten bereut hat, muss er mit den bitteren Konsequenzen leben, die es hatte, als er sein Leben so lange in Richtung »Kante« schob, bis das Gesetz der Schwerkraft zu stark wurde und es abstürzte.

Wie viele von uns Christen hoffen, dass Gott uns vor Unglück und Elend bewahren wird, während wir tagtäglich kleine, scheinbar nicht so wichtige Entscheidungen treffen, die sündig sind und uns zu größeren Sünden hinführen? (Eine Umfrage unter 1500 christlichen Männern auf einer Konferenz der Promise-Keepers-Bewegung ergab, dass die Hälfte von ihnen in der vergangenen Woche Pornografie konsumiert hatte.)

Auch Ruth und Robert wuchsen christlich auf. Als der Jugendpastor vor den Gefahren des vorehelichen Geschlechtsverkehrs warnte, mochten sie ihn nicht recht ernst nehmen. Ihre Filme, Fernsehprogramme, Musik – alles drehte sich um Sex. Eines Abends, nach der Jugendstunde, gab Ruth Roberts Drängen nach. Hinterher war ihr schlecht; es war überhaupt nicht so gewesen wie in den Filmen. Und Robert war wütend auf sie, weil sie es so bereitwillig zugelassen hatte …

Ruth begann, wahllos sexuelle Kontakte zu haben, auf der Suche nach der großen Liebe. Sie fand sie nie; die Männer wollten immer nur das eine und suchten sich dann die Nächste. Sie hörte auf, zum Gottesdienst zu gehen. Dann entdeckte sie, dass sie schwanger war. Eine Freundin fuhr sie zur nächsten Abtreibungsklinik. Heute hat sie Albträume wegen des Kindes, das sie getötet hat.

Ruth könnte zu Christus zurückkommen. Er würde ihr vergeben. Aber ihr Herz ist mittlerweile so zerbrochen und hart, dass sie das nicht mehr glauben kann. Sie hat versucht, sich das Leben zu nehmen. Sie nimmt Drogen und geht auf den Strich. Sie hat mehrere Vergewaltigungen erlebt. Vor Kurzem hatte sie ihre zweite Abtreibung. Ihr Blick ist tot, sie hat keine Hoffnung mehr.

Und Robert? Er studiert mittlerweile und hat jegliches Interesse an Gott verloren. Er ist Atheist geworden. Er hat mehrere sexuelle Beziehungen gehabt. Er fühlt sich leer und probiert alles aus, auf der Suche nach dem großen Glück.

Lucinda, eine Christin, kam zu dem Schluss, dass ihr Mann nicht romantisch genug war. Er war anständig, er arbeitete, er ging zum Gottesdienst, aber Mr. Wunderbar wie in den Filmen war er eben nicht. Sie ließ sich mit einem anderen ein, den sie schließlich heiratete. Jahre danach, nachdem sie unsägliches Leid über ihre

Familie und sich selbst gebracht hatte, fand sie zu Christus zurück. Heute sagt sie: »Ich wollte, ich könnte meinen ersten Mann wiederhaben, aber jetzt ist es zu spät.« Gott hat ihr vergeben und hat noch etwas mit ihr vor, aber sie hat einen hohen Preis gezahlt.

In seinem Gebet im Bauch des Fisches sagt der Prophet Jona: »Die sich halten an das Nichtige, verlassen ihre Gnade« (Jon 2,9).

Das Nichtige wird durch Götzen verkörpert. Ein Götze muss nicht eine exotische Statue sein, die jemand von seinem Afrika-Urlaub mitbringt. Ein Götze – das ist ein Gott-Ersatz. Ein Götze ist alles, was wir über Gott stellen. Um die Gunst des Götzen zu gewinnen, machen wir einen Kuhhandel.

Wer oder was unser Leben bestimmt, zeigt sich unter anderem in unserem sexuellen Verhalten (vgl. Röm 1,18-32). Sexuelle Sünde ist Götzendienst, weil sie unsere Begierden an die Stelle Gottes setzt.

Wer Gott den Rücken kehrt, um sich einem Ersatz zuzuwenden, ist ein Verlierer, und sein Verlust ist schrecklich. Warum? Weil er dazu geschaffen ist, seine Freude in Gott zu finden, und nicht in dem Gott-Ersatz. Er tauscht Gottes Gegenwart und Segen gegen etwas, das er zwar sehr direkt sehen, schmecken, hören oder spüren kann, aber das ihn nie befriedigen kann.

Haben Sie das auch schon getan? Ich habe es getan. Der Sünder tauscht das, was er hat (oder haben könnte), gegen eine Lüge ein. Manchmal wird die Lüge immer größer und das Risiko auch – und wir schieben unser Leben immer näher auf den Abgrund zu. Um unsere Hormone zufriedenzustellen, oder weil unsere Fantasie uns keine Ruhe lässt, setzen wir unsere Zukunft aufs Spiel.

Es ist ein furchtbarer Handel. Ein Pakt mit dem Teufel, doch der Teufel hält seine Versprechen nie.

Jeden Tag verkaufen christliche Männer und Frauen ihr Glück und ihre Zukunft für das Linsengericht eines vorübergehenden sexuellen Reizes. Wie Drogensüchtige gehen sie auf einen Trip nach dem anderen und tauschen die tiefe Befriedigung eines gottgefälligen Lebens gegen ein schales Hochgefühl, das gleich wieder weg ist und den Durst nur noch schlimmer macht.

So war es bei Eric. Er verspielte die Liebe seiner Frau und seiner Tochter, die Achtung seiner Verwandten, Freunde, Kollegen und Mitchristen. Er verspielte ein Leben mit Christus und am Ende sogar seine Freiheit.

Mit jedem flüchtigen Blick, der unsere Lust anheizt, schieben wir uns näher zu der »Kante« hin, zu jenem Augenblick, wo das Gesetz der Schwerkraft in Aktion tritt und unser Leben abstürzen lässt.

Was werden wir verlieren? Was werden wir verspielen?

Wo wäre Ruth wohl jetzt, wenn sie rein geblieben wäre? Statt einer Prostituierten, deren Abtreibungen und Vergewaltigungen sie bis in ihre Träume verfolgen, könnte sie ein Licht für Jesus sein, das auf einem Universitäts-Campus für ihn leuchtet, voller Freude und Hoffnung. Und Robert könnte das auch sein. Ja, hätten sie nur nicht …

Und Lucinda? Auch sie verspielte ihr Glück. Wer weiß, was Gott ihr alles schenken wollte? Ein reines Gewissen und inneren Frieden? Lange Jahre erfüllender Liebe mit ihrem Mann? Die Achtung und Liebe ihrer Kinder und Enkel? Einen bleibenden Einfluss auf junge Frauen, die ihr Beispiel sahen? Eine Aufgabe in der Gemeinde, die viele Menschenleben veränderte? Einen unvorstellbar reichen Lohn im Leben nach dem Tod?

Gott hat ihr vergeben. Absolut. Aber die Folgen ihrer Fehl-Entscheidungen bleiben.

Manche meiner Leser, die mit solchen Folgen leben müssen, haben vielleicht jede Hoffnung verloren. Viele haben im Kampf um die Reinheit resigniert, andere haben es gar nicht erst versucht. Wir brauchen jenen Weitblick, der uns zeigt, auf welchen Weg die Weichenstellung von heute uns morgen führen wird.

Es gibt Gelegenheiten, die kommen nie wieder. Wir können nicht leben im »Hätte-ich-nur«-Land. Wir können nur die Realitäten anerkennen und dann mit Gottes Gnade neue Schritte tun.

In C.S. Lewis' *Prinz Kaspian von Narnia* fragt Lucy den Löwen Aslan (der ein Bild für Christus ist), nachdem sie seine Anweisungen nicht befolgt hat, wie die Dinge gelaufen wären, wenn sie ihm eher gehorcht hätte. Der große Löwe erwidert: »Was *geschehen wäre, wenn*, Kind? ... Nein. Das erfahren wir nie.«

Im eigenen Interesse

Eric, Lucinda, Ruth und Robert haben etwas Interessantes gemeinsam. *Sie alle dachten, dass es in ihrem ureigensten Interesse war, ihrer Begierde zu folgen.* Wenn wir die vier, kurz bevor sie ihre sexuelle Reinheit wegwarfen, interviewt hätten, hätten sie alle gesagt: »Das tue ich für *mich*. Es geht um mein Glück.«

Aber sie wurden nicht glücklich. Ganz im Gegenteil. Man wird *nie* glücklich auf diese Art.

Die vier verletzten nicht nur andere Menschen mit dem, was sie da taten, sondern auch sich selbst. Sie handelten gegen ihre eigenen Interessen. Was sie taten, war nicht nur falsch, es war *dumm*.

Wohl die meisten von uns haben die guten Gründe dafür, sich sexuell rein zu halten, schon gehört. Gott will es. Reinheit ist gut, Unreinheit ist böse.

Stimmt vollkommen. Aber genauso wahr ist dieser Satz: *Reinheit ist immer klug; Unreinheit ist immer dumm.*

Ich möchte dies das Grundgesetz der Reinheit nennen. Reinheit ist immer klug, Unreinheit ist immer dumm. Nicht manchmal, nicht meistens, sondern immer. Sie sind keine Ausnahme, ich bin keine Ausnahme, es gibt überhaupt keine Ausnahme.

Ein heiliger Gott hat das Universum so erschaffen, dass Handlungen und Verhaltensweisen, die seinem Wesen und den von diesem Wesen abgeleiteten Gesetzen entsprechen, *immer* belohnt, und Handlungen und Verhaltensweisen, die sein Wesen bzw. seine Gesetze verletzen, immer bestraft werden. Gott belohnt jede gerechte Tat und bestraft jede ungerechte.

Das heißt nicht, dass er immer direkt eingreift. Dieses moralische Gesetz funktioniert vielmehr so ähnlich wie ein Naturgesetz. Gott hat es geschaffen, und es folgt einer Eigendynamik. Wenn ein Raser bei Glatteis mit hundert Sachen über die Landstraße fährt und gegen einen Baum prallt, erfindet Gott nicht schnell ein paar Gesetze der Physik, um den Raser zu bestrafen, sondern diese Gesetze sind schon da.

Ganz ähnlich zieht Gott einem Pornografiesüchtigen nicht jedes Mal, wenn er sich den nächsten Film aus dem Internet herunterlädt, einen Knüppel über den Schädel, sondern *die Strafe ist sozusagen in die Sünde eingebaut*: die innere Beschmutzung, die Erniedrigung, die allmähliche Entstellung der Persönlichkeit. Römer 1,27 drückt es so aus: Sie empfingen »den Lohn ihrer Verirrung«.

So funktioniert Gottes moralisches Universum.

Wir können selbst unseren Weg wählen, aber unsere Wahl hat unweigerlich Folgen.

Die Straße des Lebens ist manchmal gefährlich. Gott liebt uns so sehr, dass er Warnschilder an ihr aufgestellt hat, zum Beispiel: »Du sollst nicht ehebrechen.« Oder: »Kein Sex vor der Ehe.« Niemand zwingt uns, diese Warnungen zu befolgen, aber wir müssen mit den Folgen unseres Ungehorsams leben.

Reinheit ist sicher, Unreinheit ist riskant. Reinheit hilft uns, Unreinheit schadet uns. Reinheit ist klug, Unreinheit ist dumm. Lernen Sie diesen Satz auswendig. Er ist wahr. Immer.

Bedenken Sie, was Christus über den klugen und den törichten Bauherrn sagte:

> *»Darum, wer diese meine Rede hört und tut sie, der gleicht einem klugen Mann, der sein Haus auf Fels baute. Als nun ein Platzregen fiel und die Wasser kamen und die Winde wehten und stießen an das Haus, fiel es doch nicht ein; denn es war auf Fels gegründet. Und wer diese meine Rede hört und tut sie nicht, der gleicht einem törichten Mann, der sein Haus auf Sand baute. Als nun ein Platzregen fiel und die Wasser kamen und die Winde wehten und stießen an das Haus, da fiel es ein, und sein Fall war groß.«* Matthäus 7,24-27

Jesus misst Gehorsam hier nicht nach der Tugend des einen Bauherrn, sondern nach seiner *Klugheit*, und er misst Ungehorsam nicht danach, dass der andere verwerflich ist, sondern dass er *dumm* ist. Er nennt den Gehorsamen nicht »gerecht«, sondern »klug«. Der Mensch, der sein Haus auf Sand baut, beschwört durch diese Dummheit seinen eigenen Untergang herauf.

Die größten Siege des Teufels und unsere größten Niederlagen kommen dann, wenn er uns dazu bringt, uns zu fragen: »Soll ich das tun, was Gott von mir will, oder das, was das Beste für mich ist?«

Als ob Gottes Wille nicht immer das Beste wäre! Wir werden uns erst dann konsequent für Gottes Weg entscheiden, wenn wir begriffen haben, dass dieser Weg *immer* das Beste für uns ist.

Mehr als ein Motiv

»Augenblick mal«, sagen Sie jetzt vielleicht. »Gott gehorchen, weil dies das Klügere ist? Das ist doch der reine Egoismus! Sollte das Motiv eines Christen nicht einzig und allein sein, dass er Gott liebt?«

Offensichtlich nicht. Die Bibel nennt uns verschiedene Motive dafür, Gott zu gehorchen. Die Liebe ist eines davon, aber die Bibel nennt uns noch zwei andere Motive – Motive, die direkt an unser Eigeninteresse appellieren: die Furcht vor Gott und die Hoffnung auf Belohnung.

Wer meint, dergleichen sei unbiblisch, der hat eine zentrale biblische Lehre noch nicht begriffen.[1]

Furcht vor Gott – das ist ein tiefer Respekt vor seiner Heiligkeit, zu dem auch die Angst vor den Konsequenzen gehört, die es mit sich bringt, wenn ich ihm nicht gehorche. Das Abwägen dieser Konsequenzen kann ein Motiv zur Reinheit sein.

Aber Gott ist nicht nur heilig, er ist auch von Natur aus jemand, der belohnt (Hebr 11,6), und dies gilt ganz gewiss auch für die moralischen Entscheidungen und Weichenstellungen, die wir in unserem Leben treffen. Der Gehorsam gegenüber Gottes Willen und Wegen ist das Fundament jenes überaus seltenen und wunderbaren inneren Zustandes, den der Mensch erleben kann: der *Freude*.

»Ich nehme Himmel und Erde heute über euch zu Zeugen: Ich habe euch Leben und Tod, Segen und Fluch vorgelegt, damit du das Leben erwählst und am Leben

bleibst, du und deine Nachkommen, indem ihr den HERRN, euren Gott, liebt und seiner Stimme gehorcht und ihm anhanget.« 5. Mose 30,19-20

Wir können uns für den Segen entscheiden: Freude, Frieden, Leben, Hoffnung und das Lachen. Oder für den Fluch: Elend, Narben, eine Handvoll Asche.

Als Kain an einer moralischen Wegscheide stand, sprach Gott zu ihm: »Warum ergrimmst du? Und warum senkst du deinen Blick? Ist's nicht also? Wenn du fromm bist, so kannst du frei den Blick erheben. Bist du aber nicht fromm, so lauert die Sünde vor der Tür, und nach dir hat sie Verlangen; du aber herrsche über sie« (1Mo 4,6-7).

Gott sagte Kain: »Wenn du dich für meinen Plan entscheidest, findest du das Glück und wirst lachen können. Sicher, dies ist eine gefallene Welt. Aber wenn du Nein sagst zu den sündigen Begierden, die dich versklaven wollen, und mit mir gehst, wirst du meinen Frieden bekommen. Wenn du aber meine Gebote verwirfst, lieferst du dich Mächten aus, die dein Leben zerstören werden.«

Der Rest ist Geschichte.

Seien Sie nicht dumm!

Behauptet Gott wirklich, dass sexuelle Reinheit klug und Unreinheit dumm ist? Urteilen Sie selbst:

»Mein Sohn, warum willst du dich an der Fremden ergötzen und herzest eine andere? Denn eines jeden

Wege liegen offen vor dem HERRN, und er hat acht auf aller Menschen Gänge. Den Gottlosen werden seine Missetaten fangen; und er wird mit den Stricken seiner Sünde gebunden. Er wird sterben, weil er Zucht nicht wollte, und um seiner großen Torheit willen wird er hingerafft werden.« Sprüche 5,20-23

Warum sollen wir uns vor Ehebruch hüten? Weil Gott es sieht und die Strafe sicher ist. Schon vor dem Tag des Gerichts sind die Sünden »wie Stricke, die ihn binden«. Der Ehebrecher verfängt sich gleichsam in seiner Sünde, bis sie ihm den Tod bringt. Er ist das Opfer seiner eigenen Dummheit. Der Mann dagegen, der rein bleibt, kann sich an seiner Frau freuen, ja berauschen und die sexuelle Gemeinschaft mit ihr in vollen Zügen genießen (vgl. Spr 5,18-19).

Im nächsten Kapitel der Sprüche Salomos fragt Gott:

»Kann auch jemand ein Feuer unterm Gewand tragen, ohne dass seine Kleider brennen? Oder könnte jemand auf Kohlen gehen, ohne dass seine Füße verbrannt würden? So geht es dem, der zu seines Nächsten Frau geht; es bleibt keiner ungestraft, der sie berührt.«

Sprüche 6,27-29

In Sprüche 7,21-27 wird der Mann, der sich zum Ehebruch hinreißen lässt, mit einem Stier verglichen, der zur Schlachtung weggeführt wird, und mit einem Hirsch oder Vogel, der in die Falle läuft bzw. in das Netz fliegt.

Ein Christ, der lange Zeit sexsüchtig gewesen war,

erzählte mir: »Der Süchtige denkt immer, dass ihm schon nichts passieren wird. Erst dann, wenn er erkennt, dass das nicht stimmt, kann er sich ändern.«

Sexuelle Unmoral bleibt *nie* ungestraft. Gott will, dass wir das wissen – weil er unser Bestes will.

Wir haben die Wahl

Eines Abends, als junger Pastor, sah ich mir einen Pornofilm an. Hinterher war mir hundeelend. Ich hatte versagt – vor Gott, vor meiner Frau, vor meiner Gemeinde. Ich war ein Narr gewesen. Mit Schrecken sah ich, wohin mich dieser Weg noch führen konnte, wenn ich ihn weiterging. Aber dass ich mich in den Boden schämte, half mir nicht. Ich musste mein Denken ändern. Und meine Entscheidungen.

Wollen Sie das wirklich – wie ein Stier zum Schlachtplatz geführt werden? Dann flirten Sie ruhig weiter mit der Nachbarin oder dem neuen Kollegen. Fantasieren Sie weiter darüber, wie es wäre, mit diesem Mädchen oder jenem Jungen in Ihrer Schulklasse ins Bett zu gehen. Schauen Sie sich weiter die Filme und die sexgeladene Fernsehwerbung an, die Sie mit ihren Lustpfeilen beschießen. Nur zu – der Schlachtplatz ist nicht weit.

Sie wollen etwas Besseres? Dann wählen Sie die Reinheit!

»Mit mir nicht« – das ist völlig richtig, wenn es um unsere sexuelle Reinheit geht! Es ist gut, wenn Sie Ihre Kinder dazu anhalten, mit dem Sex bis zur Ehe zu warten – nicht nur, weil sie damit Gott Ehre machen, sondern *zu ihrem eigenen Besten*!

Es ist vollkommen in Ordnung, hier den warnenden Zeigefinger zu heben und seinen Kindern zu sagen, was sie sich mit sexueller Unreinheit alles antun können. Genau so argumentieren die Sprüche Salomos in der Bibel.

Einer der Ältesten in unserer Gemeinde gestand mir einmal: »Es hat Zeiten gegeben, wo der Ehebruch mich lockte. Gerne würde ich sagen, dass die Liebe zu Gott und zu meiner Frau damals ausreichte, um mich vor dem Fallen zu bewahren. Aber letztlich tat ich es nur nicht, weil ich Angst hatte. Ich war sicher: Wenn du das machst, lässt Gott dich fallen und dein Leben wird zur Hölle.«

Dieser Älteste war ein weiser Mann. Ein Mensch, der sein eigenes Bestes im Auge behielt. Er wusste, dass Unreinheit bestraft und Reinheit belohnt wird. Er war zu klug, um sich vom Kuhhandel der Sünde blenden zu lassen.

Ist Angst vor den Folgen ein minderwertiges Motiv? Nein! Dieser Bruder ist nie gefallen, er hat nie seine Familie ruiniert. Er hat nie seiner Gemeinde Schande gemacht, nie das Herz seiner Frau oder seiner Kinder gebrochen, nie seinen Dienst für Gott ruiniert.

Was meinen Sie? Sind die Frau und die Kinder dieses Mannes wohl dankbar für seine Furcht vor Gott, die ihn in den schwärzesten Stunden der Versuchung bewahrte? Ganz bestimmt!

Die Furcht vor Gott sollte uns nicht um den Verstand, sondern zur Einsicht bringen! »Die Furcht des HERRN ist eine Quelle des Lebens, dass man meide die Stricke des Todes« (Spr 14,27).

Die Menschen, die sexuellen Versuchungen erlegen sind, haben *nicht* in ihrem ureigensten Interesse gehandelt. Sie haben sich, vom Teufel verblendet, nur *eingebildet*, das zu tun. Hätten sie wirklich gewusst, was das Beste für sie ist, wären sie vor der Versuchung weggerannt wie vor einer Klapperschlange oder einer tickenden Bombe. Sie hätten die Reinheit gepackt wie ein Ertrinkender den Rettungsring. Wie ganz anders würde ihr Leben heute aussehen, wenn sie das getan hätten!

Wenn Gott uns zur Reinheit aufruft, will er uns nicht unser bisschen Freude nehmen. Im Gegenteil: Er fordert uns zu etwas auf, das uns die größte Freude bringt!

Die Reinheit wählen heißt, sich unter Gottes Segen zu stellen; die Unreinheit wählen heißt, sich unter seinen Fluch zu stellen. Sie haben die Wahl. Mit jedem Schritt in Ihrem Leben entscheiden Sie sich für das eine oder das andere. Entweder Sie sagen: »Gott, segne mich, weil ich dir gehorche«, oder Sie sagen: »Gott, verfluche mich, weil ich dir ungehorsam bin.«

Wie ist das bei Ihnen? Welches dieser beiden Gebete sprechen Sie durch die Entscheidungen, die Sie heute getroffen haben?

Die Mutter aller Schlachten

Nach einschlägigen Untersuchungen ist die Sexualmoral der heutigen Christen im Westen fast nicht mehr von derjenigen der Nichtchristen zu unterscheiden. Die Grenze zwischen Welt und Gemeinde ist oft bis zur Unkenntlichkeit verschwommen.

Dass wir uns auf diesem Gebiet so oft nicht mehr an die Bibel halten, wirkt lähmend auf unsere Fähigkeit, Gottes Auftrag für uns zu erfüllen. Wer sich nicht mehr von der Welt unterscheidet, hat ihr nichts mehr zu bieten. Wie soll eine Kirche, die selbst nicht mehr heilig ist, eine unheilige Welt für Christus gewinnen?

Warum ist sexuelle Reinheit ein so zentraler Bestandteil eines Lebens, das sich zu leben lohnt? *Warum* ist vor- und außerehelicher Geschlechtsverkehr ein solcher Freudenvergifter? Warum haben so viele Christen es immer wieder versucht und sind doch immer wieder gefallen? Wie können wir sie vermeiden, die Versuchungen und Fallen, die uns in die Sklaverei locken und uns das überfließende Leben, das Gott uns geben will, wegnehmen?

Es ist nicht übertrieben, wenn ich sage, dass es hier um Leben oder Tod geht. Die Stunde, die Sie brauchen werden, um dieses Buch fertig zu lesen, kann Ihr Leben vor der Katastrophe retten und Sie auf einen Weg bringen, für den Sie – und Ihre Lieben – ewig dankbar sein werden.

Warum ist das mit dem Sex so wichtig?

Kennen Sie den Spruch auch? »Vor Gott sind alle Sünden gleich.«

Das sah Paulus anders. Den Christen im übersexualisierten Korinth schrieb er:

> »Flieht die Hurerei! Alle Sünden, die der Mensch tut, bleiben außerhalb des Leibes; wer aber Hurerei treibt, der sündigt am eigenen Leibe.«   1. Korinther 6,18

Sexuelle Sünde hat eine andere Qualität als andere Sünden. Warum? Weil Sex nicht einfach etwas ist, was man tut, sondern etwas, was man *ist*. Wenn wir Geschlechtsverkehr haben, setzen wir unser ganzes Leben ein. Wir geben etwas hin, was wir vielleicht nie zurückbekommen werden.

Sexuelle Reinheit und Unreinheit sind mehr als eine Sache der äußeren Etikette und Kultur. Sie haben mit unserer Seele zu tun, mit unserem Zentrum, mit dem, was wir sind und was wir werden.

Sexualität ist nicht von Hollywood, von Madonna oder von irgendeinem Lüstling im Internet erfunden worden. Unsere Sexualität wurde von einem unendlich heiligen Gott erschaffen, der in einem blendenden Licht wohnt, umgeben von strahlenden, heiligen Engeln. Sie ist die gute Gabe eines guten Schöpfers. »Und Gott sah an alles, was er gemacht hatte, und siehe, es war sehr gut« (1Mo 1,31). Zu diesem »alles« gehörte auch unsere Sexualität. Selbst nach dem Sündenfall spricht Gottes

Wort offen über die sexuellen Freuden in der Ehe (vgl. Spr 5,18-19; Hl 4 und 7).

Durch Geschlechtsverkehr zeugen wir Kinder und geben der tiefsten ehelichen Gemeinschaft Ausdruck. Beides ist Gott ungeheuer wichtig. Wo die eheliche Vereinigung auf rechte Weise und im Geist der Hingabe geschieht, lächelt der Schöpfer.

Die Macht der Sexualität

Hier ist der Grund, warum das Prinzip der Reinheit so wichtig ist:

Unsere Sexualität ist ungeheuer stark; sie hat die Macht, uns unendlich gutzutun ... oder unendlich zu schaden.

Auch das Feuer ist eine Gabe Gottes. Was würden wir ohne es machen? Womit würden wir kochen, womit unsere Häuser heizen? Aber wenn diese wärmenden Flammen ihre Grenzen überschreiten, bringen sie schnell Zerstörung und Tod.

Wenn wir die guten Gaben Gottes außerhalb der Grenzen einsetzen, die er für sie vorgesehen hat, werden sie zu Geißeln. So ist es auch mit der Sexualität. Ihre Macht, uns viel Freude und Gutes zu schenken, kann sich ins Gegenteil verwandeln und Böses und Elend bringen.

Solange ein Kaminfeuer im Kamin bleibt, hält es uns warm. Wenn wir ihm freien Lauf lassen, brennt es unser Haus nieder. Ich habe die qualmenden Trümmer von Menschenleben gesehen, die vom Feuer der sexuellen Unmoral verwüstet worden waren. Ich habe die Verzweiflung der Opfer erlebt, die sich fragen, ob sie ihr Haus je wieder aufbauen können. (Sie können es – aber werden sie auch *glauben*, dass sie es können?) Diese Szenen haben sich unauslöschlich in meine Seele gegraben.

Wer dagegen die Reinheit wählt, der nimmt ein wunderbares Geschenk an. Reinheit ist etwas unvergleichlich Schönes, wie der Duft von Rosen nach einem Gewitterregen. Diese Schönheit wird nie vergehen, denn im Himmel werden alle rein sein (vgl. Offb 21,27).

Wo sind Ihre Grenzen?

Nach Aussage der Bibel sind die Grenzen des Geschlechtsverkehrs mit den Grenzen der Ehe identisch. Geschlechtsverkehr und Ehe gehören zusammen. *Die sexuelle Gemeinschaft ist von Gott als Ausdruck einer lebenslangen gegenseitigen Hingabe gedacht.* Ohne die Ehe fehlt diese Hingabe, und der Geschlechtsakt wird zu einer Lüge.

Geschlechtsverkehr ist ein Vorrecht, das untrennbar ist von den Pflichten des heiligen Ehebundes. Wer das Vorrecht ohne die Verantwortung genießen will, der pervertiert Gottes Willen. Jede sexuelle Handlung, die außerhalb der Ehe geschieht, setzt beides herab – die Sexualität und die Ehe.

Geschlechtsverkehr ist von Gott als die Vereinigung zweier Personen und Seelen gedacht, nicht nur zweier Körper. Sexueller Kontakt sollte etwas sein, das wir einem Menschen geben, dem wir 100 Prozent treu sind (wie sich dies in einer rechtsgültigen Eheschließung dokumentiert), und nicht etwas, das wir uns im Rahmen einer flüchtigen Beziehung nehmen.

Der Satz »Aber wir lieben uns doch« gilt nicht als Ausrede in der Ethik der sexuellen Intimität. Geschlechtsverkehr wird nicht durch subjektive Gefühle bestätigt, sondern allein durch den objektiven, lebenslangen Bund der Ehe. So lautet Gottes Regel, und wir haben nicht die Macht, sie zu ändern. Gottes Regeln gelten immer, und wer sie bricht, der zerbricht an ihnen.

Ein kluger Autofahrer hat nichts gegen Leitplanken. Er jammert nicht: »Dieses dumme Teil hat meine Stoßstange verbeult!« Er schaut über die Leitplanke in den Abgrund hinunter, sieht die zertrümmerten Autos, die dort liegen, und dankt Gott dafür, dass es Leitplanken gibt.

Gottes »Leitplanken« sind seine Gebote. Sie stehen zwischen uns und dem Untergang. Sie wollen uns nicht gängeln oder bestrafen, sondern beschützen.

Reinheit ist Gottes Wille

Im 1. Thessalonicherbrief findet Paulus leidenschaftliche Worte über die sexuelle Reinheit. Und über das Thema »Dummheit und Klugheit«.

> *»Denn das ist der Wille Gottes, eure Heiligung, dass ihr meidet die Unzucht und ein jeder von euch seine eigene Frau zu gewinnen suche in Heiligkeit und Ehrerbietung, nicht in gieriger Lust wie die Heiden, die von Gott nichts wissen. […] Denn der Herr ist ein Richter über das alles,*

> *wie wir euch schon früher gesagt und bezeugt haben. Denn Gott hat uns nicht berufen zur Unreinheit, sondern zur Heiligung. Wer das nun verachtet, der verachtet nicht Menschen, sondern Gott, der seinen Heiligen Geist in euch gibt.«* 1. Thessalonicher 4,3-8

»Wie kann ich Gottes Willen erkennen?« Wie oft haben Sie diesen Satz schon gehört? Wir tun so, als sei Gottes Wille ein verlorener Regenschirm. Oder ein kriminalistisches Rätsel, dessen Lösung das Gehirn eines Einstein erfordert. Aber Gottes Wille zum Thema »außerehelicher Geschlechtsverkehr« steht schwarz auf weiß in der Bibel: *»Denn das ist der Wille Gottes, eure Heiligung [d.h. ein Leben, das ganz ihm gehört], dass ihr meidet die Unzucht.«* Kann man es noch deutlicher sagen?

Viele Menschen »suchen Gottes Willen« – aber was die Bibel über Gottes Willen sagt, legen sie oft achselzuckend zu den Akten. Was soll es bringen, Gottes Willen in irgendwelchen Details unseres Lebens zu suchen, wenn wir das, was er uns bereits klipp und klar gesagt hat (nämlich dass wir rein sein sollen), einfach beiseiteschieben?

Eines der Markenzeichen der Jünger von Christus war, dass sie die lustbetonte heidnische Kultur ihrer Tage nicht mitmachten. Sie waren die reine Braut Christi. Dies ist ein Aspekt christlicher Identität, den die heutigen Gemeinden dringend wiederentdecken müssen.

Das Problem heißt nicht *Leidenschaft*, sondern *Lust*. Wir dienen einem *leidenschaftlichen* Gott. Unsere Liebe zu ihm sollte ebenfalls *leidenschaftlich* sein. Aber wir müssen diese Leidenschaft auf die richtigen Dinge richten, nicht auf die falschen.

Ein reines Leben liegt uns von Natur aus nicht. Es ist etwas, das wir lernen müssen. Es erfordert Training und Disziplin.

Der Versuchung widerstehen, das heißt, sich mutig und standhaft zu weigern, Gottes Gesetze zu verletzen. Es bedeutet, immer wieder Christus um die Kraft zu bitten, Nein zu sagen zur Welt, zum Fleisch und zum Teufel, und stattdessen Ja zu Gott zu sagen. Wir tun dies, weil wir der großen Freude nachjagen, die nur der erfährt, der Gott kennt.

Vielleicht kennen einige von Ihnen den alten Beatles-Song: »All I gotta do is act naturally« – »sei natürlich, tu das, was du willst«. Wer diesen Tipp befolgt, der ist erledigt. Wer sich dagegen auf die Kraft des in ihm wohnenden Christus verlässt, der ist ein Sieger, sowohl in diesem Leben wie in dem zukünftigen.

Wollen Sie Gottes Willen tun? Wirklich? Dann machen Sie die Reinheit zu Ihrem Ziel. Lernen Sie es, Ihren Körper unter Kontrolle zu haben. Nutzen Sie niemanden sexuell aus. Dann werden Sie Gottes Strafe entgehen und die Freude erfahren, die es bringt, ein Jesus gefälliges Leben zu führen.

Wem gehört mein Körper?

Bei meinen Vorträgen über sexuelle Reinheit bitte ich manchmal einen der Zuhörer, mir einen Bleistift auszuleihen. Ich nehme den Bleistift, zerbreche ihn, werfe ihn auf den Boden und trample auf ihm herum. Meine Zuhörer starren mich an, einige keuchen hörbar auf. Ich frage sie, warum sie so schockiert sind, und irgendjemand sagt: »Na, weil Sie den Bleistift kaputt gemacht haben.« Worauf ich erkläre, dass das mein Bleistift war, den ich dem edlen Spender vor dem Vortrag ausgehändigt hatte und jetzt von ihm zurückbekommen habe. Schon ändert sich das Bild: Wenn das *mein* Bleistift ist, kann ich damit machen, was ich will. Wenn er jemand anderem gehört, nicht.

Wem gehört mein Körper?

»Oder wisst ihr nicht, dass … ihr nicht euch selbst gehört? Denn ihr seid teuer erkauft; darum preist Gott mit eurem Leibe.« 1. Korinther 6,19-20

Als ich Christ wurde, wurde Gott mein Eigentümer. Er hat mich »gekauft« und für mich bezahlt – mit dem Blut seines Sohnes am Kreuz. Durch die Schöpfung und erneut durch die Erlösung sind wir Gottes Eigentum. Er hat jedes Recht, mir vorzuschreiben, was ich mit meiner Seele und meinem Leib machen darf und was nicht. *Ich habe kein Recht, mit meinem Körper zu machen, was ich will.*

Aber Gott ist kein Tyrann. Er hat nicht nur seine Ehre im Auge, sondern auch mein Bestes, und ich darf wissen: Was er mir verbietet, würde mir nur schaden, und alles, was er mir befiehlt, kann nur gut für mich sein.

Im Visier des Teufels

Wenn Sie Christ sind, dann sind Sie im Zielfernrohr des Teufels. Die Mächte des Bösen sind hinter Ihnen her, der Teufel will Sie bekommen. Wenn er Sie schon nicht nach dem Tod mit in die Hölle nehmen kann, will er wenigstens Ihr Leben hier auf der Erde zur Hölle machen.

Ich erinnere mich, wie ich als Student hörte, dass ein sehr bekannter Pastor Ehebruch begangen hatte. Ehebruch? Ich war hell empört. So etwas würde mir nie im Leben passieren. *Ich* würde meinen Herrn und meine Frau *nie* verraten. Nein, nicht ich!

Durch Gottes Gnade habe ich tatsächlich mit niemandem Geschlechtsverkehr gehabt als mit meiner Frau. Aber das liegt allein daran, dass ich doch noch klug wurde. Ich erkannte die erschreckende Wahrheit: Es konnte mir tatsächlich passieren! Nur ein Narr glaubt das nicht.

Wenn Sie glauben, dass bei Ihnen schon niemand einbrechen wird, werden Sie die Fenster offen und Ihr Bargeld offen im Wohnzimmer herumliegen lassen. Wenn Sie glauben, dass Ihnen sexuell schon nichts passieren kann, werden Sie ähnlich leichtsinnig sein und alle Vorsichtsmaßnahmen in den Wind schlagen. Aber, wie es in Sprüche 16,18 so schön heißt: »Hochmut kommt vor dem Fall.« Gott stellt uns vor die Wahl: Entweder wir demütigen uns vor ihm, oder er wird uns demütigen (vgl. 1Petr 5,5-6).

»Das kann mir nicht passieren.« Glauben Sie diesen Satz besser nicht, oder es passiert Ihnen doch!

Ich hatte einmal eine Frau in der Seelsorge, als ich plötzlich merkte, dass sie ein Auge auf mich geworfen hatte. Das eigentlich Erschreckende daran war, dass ich das schon von Anfang an gespürt hatte, aber dass ihre Aufmerksamkeit mir geschmeichelt hatte.

Da ich (noch) nicht emotional bei ihr angebissen hatte, war ich zunächst versucht, die Sache auf die leichte Schulter zu nehmen. Doch tief drinnen hörte ich eine Alarmglocke klingeln. Ich wusste: Ich bewegte mich auf einem verminten Territorium. Gott erinnerte mich daran, dass jeder Ehebruch-Fall, den ich kannte, »ganz harmlos« begonnen hatte.

Ich wählte die Flucht-Strategie. Ich verwies die Frau an einen Kollegen. Mag sein, dass sie beleidigt war, aber das war ein kleiner Preis. Allein Gott weiß, was sonst hätte passieren können; ich will es lieber nicht wissen.

Am gefährdetsten sind wir meistens dann, wenn wir müde, einsam, entmutigt, deprimiert oder verbittert sind. Oder wenn wir Beziehungsprobleme haben, vor allem mit unserem Ehepartner. Glauben Sie besser nicht, dass der Teufel das nicht weiß oder dass er zögern wird, solche Situationen auszunutzen: »Als der Teufel alle Versuchungen vollendet hatte, wich er von ihm eine Zeit lang« (Lk 4,13). Wir sollten uns die Warnung des Paulus in 1. Korinther 10,12 zu Herzen nehmen: »Wer meint, er stehe, mag zusehen, dass er nicht falle.«

Meine Übertragung gefällig? »Wenn Sie denken, dass Sie keine Vorsicht nötig haben … dann können Sie Ihren Namen *D-u-m-m* buchstabieren.«

Vertuschen zwecklos

Gottes Gebote zu verletzen, ist so ähnlich, wie das Gesetz der Schwerkraft zu missachten; die Strafe ist uns sicher:

> *»Irret euch nicht! Gott lässt sich nicht spotten. Denn was der Mensch sät, das wird er ernten. Wer auf sein Fleisch sät, der wird von dem Fleisch das Verderben ernten; wer aber auf den Geist sät, der wird von dem Geist das ewige Leben ernten. Lasst uns aber Gutes tun und nicht müde werden; denn zu seiner Zeit werden wir auch ernten, wenn wir nicht nachlassen.«*
>
> Galater 6,7-9

Sexuelle Sünde kommt früher oder später immer heraus. In 4. Mose 32,23 heißt es: »Ihr werdet erfahren, dass eure Sünde euch finden wird« (Schlachter 2000). Und Salomo schrieb: »Wer in Unschuld lebt, der lebt sicher; wer aber verkehrte Wege geht, wird ertappt werden« (Spr 10,9).

Nehmen Sie es zur Kenntnis: *Wir sind nie unbeobachtet.* Jesus warnte seine Jünger: »Es ist aber nichts verborgen, was nicht offenbar wird, und nichts geheim, was man nicht wissen wird. Darum, was ihr in der Finsternis sagt, das wird man im Licht hören; und was ihr ins Ohr flüstert in der Kammer, das wird man auf den Dächern predigen« (Lk 12,2-3).

Eine der ältesten Taktiken des Satans ist, uns in Sicherheit zu wiegen, indem er uns einflüstert: »Komm, tu's einfach! Keiner sieht's, niemand wird's erfahren.«

Aber das ist eine Lüge. *Einer* schaut uns immer zu. *Einer* weiß immer Bescheid. Und früher oder später werden viele Bescheid wissen.

Wir kommen nie ungestraft davon.

Sexuelle Sünde hat Folgen

Syphilis kann man mit Antibiotika heilen. Kondome können eine Schwangerschaft verhindern. *Aber es gibt kein Mittel gegen das schlechte Gewissen.*

Die Medizin kann mich vor manchen der körperlichen Folgen meiner Sünde schützen. Meine Verantwortung vor Gott kann sie mir aber nicht wegnehmen.

Gott sagt: »Wer sein Ohr abwendet, um die Weisung nicht zu hören, dessen Gebet ist ein Gräuel« (Spr 28,9). Wenn wir nicht rein leben, werden unsere Gebete und unser Dienst für Gott kraftlos. Sexuelle Sünde blockiert die Gemeinschaft mit Gott. Wenn wir im Griff der Unmoral leben, gibt es nur ein Gebet, das Gott von uns hören will: das Gebet der Buße und der Bitte um Vergebung.

Achans Sünde kostete 36 israelitischen Soldaten sowie seiner Familie das Leben (vgl. Jos 7). *Die »private« Sünde eines Einzelnen kann furchtbare Folgen für seine Mitmenschen haben.*

Cindy war zwölf Jahre, als ihr Vater, ein Pastor, eine Affäre mit einer Frau in der Gemeinde hatte und seine Familie verließ. Cindys Mutter, die tief verletzt war, heiratete übereilt erneut, leider einen ungläubigen Mann.

Der Skandal war perfekt. Cindy musste die mitleidigen und verächtlichen Blicke der anderen ertragen, wenn sie durch die Stadt ging. Aber es kam noch schlimmer: Cindy hat eine ganze Serie unglücklicher Verhältnisse mit Männern hinter sich, mehr als einmal machte sie faule sexuelle Kompromisse. Sie ist verantwortlich für das, was sie getan hat, aber sie erntet auch das, was ihr Vater gesät hat (vgl. 2Mo 20,5).

Jede Frau, deren Mann pornografiesüchtig ist, wird Ihnen bestätigen können, dass dies schmerzliche Folgen für die eheliche Gemeinschaft hat.

Ein Pastor legte sein Amt wegen homosexueller Vorfälle in seinem Leben nieder. Als ich ihn später fragte: »Wie hätte man Ihnen helfen können, damit das nicht passierte?«, dachte er kurz nach und antwortete dann: »Wenn jemand mir rechtzeitig gesagt hätte, wie ich damit meine Arbeit ruinieren und welche Schande ich dem Namen von Christus machen würde, hätte ich es vielleicht nicht getan.«

Die Lügen des Teufels erkennen

Jesus sagte über den Satan: »Wenn er Lügen redet, so spricht er aus dem Eigenen; denn er ist ein Lügner und der Vater der Lüge« (Joh 8,44). Der Teufel ist ein Meister im aalglatten Lügen. Jesus dagegen sagt uns die Wahrheit, die uns frei macht (vgl. Joh 8,32).

In 2. Korinther 2,11 schreibt Paulus, dass er die Tricks des Satans gut kennt. Leider kennen wir sie zu oft nicht.

Wir müssen die Schliche des Teufels erkennen, damit wir ihm rechtzeitig Widerstand leisten können. Auch Petrus fordert uns auf, jederzeit auf die Angriffe des Teufels gefasst zu sein, der wie ein brüllender Löwe umherstreift und das nächste Opfer sucht (vgl. 1Petr 5,8).

Wenn ich ein sexuell aufreizendes Bild sehe, schließe ich manchmal meine Augen oder drehe den Kopf in die andere Richtung und stelle mir vor, dass dieses Bild als Angelhaken am Ende einer Schnur hängt und dass es mir, wenn ich auch nur einen Augenblick zögere, die Zunge durchbohren wird, womit der »Angler« mich hat. *Aber das Bild ist so schön ...* Stimmt genau; wie sonst sollte der Feind uns an den Haken bekommen? Versuchungen sehen immer schön aus, sonst wären es keine.

Aber unser Gott ist unendlich mächtiger als der Teufel: »... denn der in euch ist, ist größer als der, der in der Welt ist« (1Jo 4,4).

> *»Alles, was zum Leben und zur Frömmigkeit dient, hat uns seine göttliche Kraft geschenkt durch die Erkenntnis dessen. der uns berufen hat durch seine Herrlichkeit und Kraft. Durch sie sind uns die teuren und allergrößten Verheißungen geschenkt, damit ihr dadurch Anteil bekommt an der göttlichen Natur, die ihr entronnen seid der verderblichen Begierde in der Welt.«*
>
> 2. Petrus 1,3-4

Gott warnte die ersten Menschen, dass sie sterben würden, wenn sie von der verbotenen Frucht aßen. Der Teufel sagte: »Ihr werdet keineswegs des Todes sterben«

(1Mo 3,4). Jedes Mal, wenn wir zu sexueller Sünde versucht werden, müssen wir uns zwischen zwei Stimmen entscheiden – der Stimme Gottes und der des Teufels.

Welcher Stimme werden *Sie* glauben?

Wahre Befriedigung

Ein sexuelles Bild will mich zur Lust verführen. Die Welt, das Fleisch und der Teufel bombardieren mich mit ihren Versprechungen: Du wirst dich wie ein Mann fühlen, es ist gut gegen deinen Schmerz, deine Enttäuschung, deinen Stress, es wird dich glücklicher machen. »Gott will dir etwas vorenthalten«, flüstern die Dämonen mir zu.

Gottes Wort zeigt mir, dass dies Lügen sind. Es sagt mir, dass ich wahres Glück allein in Christus finde. Und jetzt habe ich die Wahl: Wem glaube ich – dem Teufel oder Gott?

Ich muss mich entscheiden zwischen sexuellen Tagträumen und der Gemeinschaft mit Gott. Beides zusammen kann ich nicht haben. Wenn ich einsehe, dass Gott mir Freuden schenkt, die mir keine Sex-Fantasien bieten können, ist dies ein Durchbruch. Aber dieser Durchbruch kommt nur, wenn ich Gott aktiv suche – und wenn ich einsehe, dass meine Fantasien nur ein billiger Gott-Ersatz sind und dass der, der zu ihnen rennt, damit von Gott wegrennt.

Wenn mein Durst auf Freude von Christus gestillt wird, verliert die Sünde ihre Attraktivität. Ich sage nicht deswegen Nein zu den flüchtigen Vergnügungen der Unmoral, weil ich keine Freude will, sondern weil ich echte Freude will – eine größere, dauerhafte Freude, die es nur in Christus gibt.

John Piper schreibt:

> *Das Feuer der Freuden der sinnlichen Lust muss mit dem Feuer der Freude an Gott gelöscht werden. Wenn wir versuchen, das Feuer der Lust allein mit Verboten und Drohungen – und seien es die furchtbaren Warnungen von Jesus – zu bekämpfen, werden wir es nicht schaffen. Wir brauchen die Wunderwaffe der Verheißung wahren Glücks. Wir müssen das mickrige Flämmchen der Lust mit dem Brand heiliger Befriedigung ersticken.*[2]

Wer von dem Brunnen der Unmoral trinkt, bekommt nur noch mehr Durst (vgl. Joh 4,13). Allein bei Jesus können wir uns satt trinken (vgl. Joh 6,35). Entweder ich lasse Jesus meinen Durst stillen oder ich stürze mich immer tiefer in Sünde – auf der Suche nach etwas, das es nicht gibt.

Wie der Rest Ihres Lebens verläuft, hängt zu einem guten Teil von Ihrer Antwort auf diese Frage ab: *Wem will ich glauben?*

Der Kampf der Gedanken

Peter war ein Seminarstudent, der Pastor werden wollte. Eines Abends stritt er sich mit seiner Frau. Er fuhr in ein Lokal, um in Ruhe nachzudenken. Bald entspann sich ein Gespräch mit einer jungen Frau, die auch dort war. Ein paar Stunden später war er mit ihr im Bett.

Ganz geknickt kam er zu mir. »Wie soll ich das meiner Frau beibringen? Wird sie mir das vergeben können? Es kam alles so plötzlich, es war wie ein Blitz aus heiterem Himmel!«

Wirklich? Peter hatte Tag und Nacht gearbeitet, um sich durch sein Studium zu boxen. Seine Frau und die Kinder hatte er nach und nach nur noch als hinderlich empfunden. Er warb nicht mehr um seine Frau und hatte ihr nichts mehr zu sagen.

Dann hatte er angefangen, sich Erotik-Magazine und entsprechende Filme anzuschauen. Der Höhepunkt war diese »Blitz-aus-heiterem-Himmel«-Nacht.

Tatsache ist: Sexuelle Sünde kommt nie wie ein Blitz aus heiterem Himmel, sondern ist das logische Endergebnis gewisser, ganz alltäglicher Prozesse. Da wird eine Beziehung nicht mehr gepflegt, da öffnet man sich fremden sexuellen Bildern.

Unser Charakter von morgen ist das Ergebnis unserer Gedanken von heute. Versuchungen mögen plötzlich kommen, die Sünde an sich nicht. Auch das Gegenteil – ein festes Rückgrat in moralischen und glaubensmäßigen Dingen – kommt nicht über Nacht. Beides ist das Ergebnis eines Prozesses, den wir sehr wohl beeinflussen können.

Wir werden, was wir denken. Wir verändern unsere sexuelle Moral durch eine Serie immer neuer Entscheidungen und Handlungen, die ganz klein und scheinbar unschuldig sein können – ein kurzer Blick hier, ein flüchtiger Gedanke dort. Unser Gehirn ist so ähnlich wie der Film in einer Kamera. Was er belichtet, das geht, ob nun gut oder böse, in das Bild ein.

Der Kampf tobt in unseren Gedanken.

Wo Sünde herkommt

Der Mensch, der in sexuelle Sünde fällt, ist meist ganz überrascht: »Wie hat mir das nur passieren können?« Die Antwort der Bibel ist klar:

»Denn aus dem Herzen kommen böse Gedanken, Mord, Ehebruch, Unzucht, Diebstahl, falsches Zeugnis, Lästerung.« Matthäus 15,19

»Ihr habt gehört, dass gesagt ist: ›Du sollst nicht ehebrechen.‹ Ich aber sage euch: Wer eine Frau ansieht, sie zu begehren, der hat schon mit ihr die Ehe gebrochen in seinem Herzen.« Matthäus 5,27-28

Die Pharisäer betonten das Äußerliche. Jesus hat die moralische Messlatte höher gehängt: Die Lust der Gedanken ist nicht nur die Quelle sexueller Sünde, sondern bereits selbst Sünde. Jesus schiebt der spitzfindigen Vorstellung, dass ein Mann eine Frau in Gedanken ausziehen und dabei rein bleiben kann, einen Riegel vor.

Sexuelle Lust nährt sich von allem Essbaren, das wir in unserem Gehirn gelagert haben. Was aber in unserem Gehirn ist, entspricht dem, was wir über unsere Sinne hineingelassen haben. Die Bilder und Worte in unserem Inneren kommen entweder von Dingen, die unsere Augen gesehen und unsere Ohren gehört haben, oder von der Verarbeitung solcher Dinge durch unsere Fantasie.

Was für ein Mensch wir werden, hängt davon ab, was wir in unser Gehirn hineinlassen. Wenn wir die Bibel und gute Bücher lesen, Gespräche mit christlichem Inhalt führen oder bedürftigen Mitmenschen helfen, öffnen wir uns für Gottes Gerechtigkeit. Das alte Sprichwort ist wahr: »Säe einen Gedanken, ernte eine Tat; säe eine Tat, ernte eine Gewohnheit; säe eine Gewohnheit, ernte einen Charakter; säe einen Charakter, ernte ein Schicksal.«

Taten, Gewohnheiten, Charakter und Schicksal – sie alle beginnen mit Gedanken, und Gedanken entspringen aus dem, was wir in unser Inneres hineinlassen. Unser wichtigstes Sexualorgan ist unser Gehirn!

Wie ist das bei Ihnen: Füttern Sie Ihre sexuelle Unreinheit oder lassen Sie sie verhungern? Füttern Sie Ihre Leidenschaft für Christus oder lassen Sie sie verhungern?

Welche Wünsche in Ihnen werden sich als die stärkeren erweisen? Diejenigen, die Sie am meisten füttern.

Schützende Grenzen

Um unsere Reinheit zu schützen, brauchen wir innere »Zäune«.

Auf einer Skala von 1 bis 10 kann man eine handfeste Affäre oder Pornosucht bei 9 bis 10 ansiedeln. Aber die Frage ist: Was sind die unteren Sprossen dieser Leiter, also die Stufen 1, 2 und 3? Denn dort oder gar nicht findet die Vorbeugung gegen die Katastrophen der obersten Sprossen statt.

Oft sagen wir, dass wir gerne rein sein möchten, aber dann treffen wir Entscheidungen, die dies glatt sabotieren. Entscheidungen haben Folgen. Wer andere Folgen will, der muss andere Entscheidungen treffen. Ein Mann schrieb mir:

»Als jemand, der selbst gescheitert ist, warne ich die Menschen gerne vor ›Einstiegshandlungen‹, die oft das Fundament für handfeste, folgenschwere Sünden legen können. Gelegentliche Masturbation mag einem nicht weiter tragisch erscheinen, aber wohin führt sie? Dass Sie eines Tages mit der Frau Ihres besten Freundes schlafen? Oder mit einer Prostituierten? Vielleicht werden Sie in zehn Jahren wegen sexuellen Missbrauchs von Kindern vor Gericht stehen. Sünde führt immer zu mehr Sünde. Wie oft habe ich gehört, dass jemand sagte: ›So schlimm bin ich doch nicht.‹ Ich füge immer hinzu: ›Noch nicht.‹«

Jahrelang betrat ich unseren Supermarkt nicht durch eine bestimmte Tür, weil dort das Regal mit den Sexmagazinen stand. Später wurde meine innere Disziplin stärker, sodass ich wegschauen konnte. Aber bis es so weit war, hielt ich mich an die Tür-Regel. Sie war lästig, aber ein kleiner Preis für den Schutz meiner Reinheit.

Wir haben zu Hause einen Fernseher, aber keinen Kabelanschluss. Nicht weil wir gegen Kabelfernsehen wären, aber wir wollen nicht noch mehr Versuchungen in unserem Wohnzimmer.

Ich kann Ihnen nicht sagen, was für Grenzen und Regeln *Sie* sich schaffen müssen; das ist bei jedem Menschen anders. Es könnte sein, dass Sie zum Beispiel bestimmte Stadtteile meiden sollten. Oder niemals allein eine Geschäftsreise machen.

Grenzen und Schutzzäune machen es der Versuchung schwerer, Fuß zu fassen. Der Grundgedanke ist, dass *wir unsere sexuelle Reinheit nicht stärken können, wenn wir so weiterleben wie bisher*. Wir müssen manche unserer Gewohnheiten ändern. Wir sind wie Soldaten, die eine strategisch immens wichtige Stellung halten müssen. Unser Kommandant sagt: »Behüte dein Herz mit allem Fleiß, denn daraus quillt das Leben« (Spr 4,23).

»Mit allem Fleiß« – das heißt, dass dies ganz oben auf unserer Tagesordnung stehen muss. Wir müssen unser Inneres vor neuen Quellen der Versuchung schützen. Wir dürfen dem Feind nicht auch noch die Munition liefern, mit der er uns beschießen kann.

Ihr »Fleisch«, Ihr altes Ich wird natürlich verlangen, dass Sie es weiterfüttern. »Ich habe Hunger!«, schreit es. Aber Sie lassen es abblitzen, indem Sie beten: »Halte meine Augen davon ab, nach Nichtigem zu schauen; belebe mich in deinen Wegen« (Ps 119,37; Schlachter 2000). Sie selbst können helfen, Ihr Gebet zu erhören, indem Sie Ihre Augen abwenden. (Wie wäre es, wenn Sie diesen Psalmvers abschreiben und an Ihren Fernseher kleben?)

Wir sollen uns nicht der Welt anpassen, sondern durch eine *Veränderung unseres Denkens* neue Menschen werden (vgl. Röm 12,2). Gott ruft uns auf, die Lust, die uns in ihren Griff bekommen möchte, abzutöten (vgl. Kol 3,5). Wir sind in Christus eine neue Schöpfung – Menschen, die mit seiner Gerechtigkeit bekleidet sind (vgl. 2Kor 5,17.21).

Der beste Schutz für unser Gedankenleben ist ein Herz, das geheiligt ist und sich von Gottes Wort und seinem Geist ernährt – ein Herz, das Ja zu dem sagt, was Christus gefällt, und Nein zu allem, was ihm nicht gefällt.

Giftschlange und Vanilleeis

Darf ich ein kleines Experiment mit Ihnen machen? Also: Denken Sie nicht an Schlangen. Ich wiederhole: Denken Sie *nicht* an Schlangen, große, glitschige Schlangen, die nachts aus Ihrer Badewanne kommen und in Ihr Bett kriechen.

Noch einmal: *Nicht an Schlangen denken!*

Woran haben Sie gerade gedacht? Natürlich an Schlangen!

Jetzt denken Sie bitte an Ihren Lieblingsnachtisch. Zum Beispiel Obstsalat mit Schlagsahne. Oder Erdbeereis. Oder Apfelstrudel mit Vanillesoße. Denken Sie intensiv daran.

Haben Sie gerade immer noch an Schlangen gedacht? Nein, erst jetzt wieder, da ich sie erneut erwähne. Tatsache ist: Unser Gehirn kann kein Vakuum vertragen. Es will mit irgendetwas gefüllt sein. Unreine Gedanken lassen sich durch reine Gedanken vertreiben:

»*Was ... rein, was liebenswert [ist], was einen guten Ruf hat, sei es eine Tugend, sei es ein Lob – darauf seid bedacht.*« Philipper 4,8

Es ist schwierig, die bereits vorhandenen schädlichen Dateien auf der Festplatte unseres Gehirns zu löschen, aber wir können verhindern, dass beliebig viele neue schädliche Dateien dazukommen. Und wir können die nützlichen Dateien öffnen. Es ist das einfache Gesetz von Ursache und Wirkung: Je mehr Reines und je weniger Unreines wir in unser Denken hineinlassen, umso leichter können wir der Versuchung widerstehen.

»Die Waffen unseres Kampfes sind nicht fleischlich ... wir ... [nehmen] ... jeden Gedanken gefangen ... zum Gehorsam gegen Christus« (2Kor 10,4-5; Schlachter 2000). Wenn die falschen Gedanken kommen, korrigieren wir sie und ersetzen sie durch Gottes Wahrheit.

Martin Luther sagte einmal, dass wir es nicht verhindern können, dass die Vögel über unseren Kopf fliegen, sehr wohl aber, dass sie Nester darauf bauen. Wir können der Welt nicht verwehren, uns mit ihren Bildern zu bombardieren; aber wir müssen nicht zulassen, dass sie sich in uns festsetzen.

Der Nährboden der Masturbation sind das umherschweifende Auge und die zügellosen Gedanken. Der Masturbierende will mit seinem Verhalten gewöhnlich einen Schmerz betäuben, zum Beispiel Einsamkeit, Entmutigung, Ablehnung oder Angst. Unter der rein sexuellkörperlichen Begierde liegt eine tiefere Ursache. Diese Ursache müssen wir vor Gott bringen und ihn bitten, das innere Loch in uns zu füllen. Eine bewährte Hilfe ist das therapeutische Selbstgespräch, zum Beispiel so: »Dieses Pornoheft hier löst keines meiner Probleme, es macht sie nur noch schlimmer.«

Es reicht nicht, zu sagen: »Ab heute masturbiere ich nicht mehr.« Gute Vorsätze löschen die Lust nicht aus. Wenn wir nicht auf unsere Augen und Gedanken achthaben, werden wir bald in die alte Gewohnheit zurückfallen.

Der Sieg ist möglich. Erst kürzlich sprach ich mit einem ehemaligen Sexsüchtigen, der seit zwei Jahren nicht mehr masturbiert hat. Aber der Sieg kann nicht kommen, wenn wir unser Gehirn weiter mit »Brennstoff« für unsere sexuellen Lüste füttern. Der Schlüssel zum Sieg dieses Bruders war, dass er seine Gedanken in Zucht genommen hat.

Im Gegensatz zu anderen körperlichen Bedürfnissen ist Geschlechtsverkehr nicht unbedingt lebensnotwendig (vgl. 1Kor 6,12-13). Ohne Essen und Trinken sterben wir, ohne Geschlechtsverkehr nicht. Egal, wie stark der entsprechende Drang sein mag – hinsichtlich unserer wirklichen Bedürfnisse kommen wir auch ohne Geschlechtsverkehr aus. Wie ein Freund es ausdrückte: »Es ist noch niemand geplatzt, weil der Druck der Samenzellen zu stark wurde.«

In dem Maße, wie wir aufhören, unsere Lust zu »füttern«, fangen wir an, sie in den Griff zu bekommen, und der innere Druck wird weniger.

Wie sexuelle Begierde wirkt

Lüsterne Gedanken sind innere Promiskuität, und wer sich einbildet, dass sein Lustproblem verschwindet, wenn er heiratet, der täuscht sich sehr. Wer als Junggeselle anderen Frauen hinterherschaut oder masturbiert, wird dies auch als verheirateter Mann tun.

Der Lustbesessene flattert vom einen Bild zum anderen, von einer Partnerin zur nächsten. Eine sexy Ehefrau ist keine Absicherung gegen Pornografiesucht. Sexsucht ist eine Krankheit der Seele, der man nur mit Buße und Änderung des Lebens begegnen kann. (Das mit der Änderung erwähne ich bewusst; viele Menschen tun immer wieder Buße, nur um gleich wieder zurück in die alte Sklaverei zu fallen.)

Der Sexsüchtige lebt gleichsam mit einer Schlinge um den Hals. Ständig wartet er auf die nächste Affäre – und sie kommt, ob nun in der Realität oder in der Fantasie.

Mancher Sexsüchtige versucht, sich damit herauszureden, dass seine Frau es nicht versteht, ihn zu befriedigen. Aber wo hat er seine Bedürfnisse her? Aus Sexfilmen und Magazinen, in denen Supermänner und Modepuppen übereinander herfallen. Bei Gott zählen andere Qualitäten (vgl. 1Petr 3,3-4).

Ein Bund mit meinen Augen

Hiob sagte: »Ich hatte einen Bund gemacht mit meinen Augen, dass ich nicht lüstern blickte auf eine Jungfrau« (Hi 31,1). Hiob verpflichtete sich vor Gott, sein Herz zu hüten, indem er seine Augen hütete. Die folgenden Verse (Hi 31,2-12) schildern die schrecklichen Folgen, die es gehabt hätte, wenn Hiob seinen Bund nicht gehalten hätte.

Haben *Sie* solch einen Bund mit Ihren Augen geschlossen? Haben Sie sich vorgenommen, sofort wegzublicken, wenn Sie etwas sehen, das Sie zum Ehebruch verführen will? Praktizieren Sie diesen Reinheitsbund, wenn Sie durch die Fußgängerzone gehen, mit dem Auto fahren, vor dem Fernseher oder im Hauskreis sitzen?

Haben Sie anderen Christen von Ihrem Bund erzählt und sie um ihre Fürbitte und Korrektur gebeten?

Entgiftungstherapie

Wer einen Menschen mit Arsen vergiften will, gibt ihm keine Superdosis, sondern hier ein bisschen und dort ein bisschen, bis das Opfer nach und nach immer schwächer wird und schließlich stirbt. Arsen wirkt allmählich.

Mit der sexuellen Unmoral ist es ganz ähnlich. Sie lässt Christen und ihre Ehen den schleichenden Vergiftungstod sterben. Wir nehmen das Gift täglich zu uns, hier ein bisschen, dort ein wenig. Dieser Roman, jene Fernsehsendung, dieser Film, jene Illustrierte, hier ein kleiner Flirt, dort ein schmutziger Witz.

Dieses Arsen der Seele vergiftet uns ganz allmählich, sodass wir uns heute nicht viel anders fühlen als gestern – aber wir sind deutlich anders als vor fünf Jahren. Glauben Sie das? Ja? Dann sagen Sie zu Gott: »Herr, ich weiß, dass diese sexuellen Bilder mich vergiften. Gib mir die Weisheit und die Entschlossenheit, ihnen den Rücken zuzukehren und mich Dingen zuzuwenden, die dir gefallen.«

Wer lange genug die richtigen Dinge isst und trinkt, kann nach und nach das Arsen aus seinem Körper ausspülen – vorausgesetzt natürlich, er nimmt kein neues zu sich!

Wenn Sie erkennen, dass etwas Gift für Sie ist, und es lange genug nicht mehr zu sich nehmen, geschieht etwas Wunderbares: Ihr Verlangen nach diesem Gift wird weniger, und Sie werden wieder gesund. Römer 7 beschreibt mit schmerzlicher Deutlichkeit, wie unsere Begierden uns im Griff haben können. Aber schon viele Menschen haben nach langen Jahren der Sex- und Pornosucht Sieg und Freiheit gefunden.

Ich glaube schon seit Jahrzehnten, dass die erotische Bilderflut in den Medien ein Gift ist. Doch manchmal verspüre ich immer noch die Lust, sie anzuschauen, aber der Instinkt, wegzublicken, ist stärker geworden. Nennen

Sie es, wie Sie wollen – das Wegschauen ist mir zur zweiten Natur geworden. Manchmal falle ich immer noch, aber nicht mehr entfernt so oft wie vor Jahren. Wir Menschen sind Gewohnheitstiere, und Gottes Geist kann uns helfen, neue, gesunde Gewohnheiten zu entwickeln.

Durch den Bund, den ich mit meinen Augen schloss – und durch Gottes Hilfe und Gnade –, wählte ich den Weg des Lebens und des Segens. Wenn ich Nein zur Versuchung sage, sage ich Ja zu Gott, und er freut sich und wird verherrlicht.

Und niemand hat mehr davon als ich selbst.

Die richtigen Strategien

Stellen Sie sich jemanden vor, dessen große Schwäche Schokolade ist. Der Arzt sagt ihm: »Keine Schokolade mehr!« Gut – er gelobt Gott: »Keine Schokolade mehr.« Er verspricht seiner Familie: »Keine einzige Tafel mehr.« Er ruft seinen Pastor an und lässt sich auf die Gebetsliste setzen. Vielleicht geht er sogar zu einem vollmächtigen Prediger, der die Gabe hat, den »Dämon der Schokoladensucht« auszutreiben.

Der Mann meint es ernst, nicht wahr?

Aber was macht er dann? Wenn er so ist wie die meisten von uns auch, liest er Artikel über die Tugenden des Schokoladenverzehrs, hört Musik mit Schokoladentexten und sieht Fernsehfilme über die Schokoladenherstellung an. Er trifft sich mit anderen Schokoladenliebhabern, um sich über das gemeinsame Hobby auszutauschen, macht im Büro Schokoladenwitze und betrachtet gerne die stilvollen Schokoladenmotive auf dem großen Wandkalender. Er stöbert die Zeitung nach Schokoladen-Gutscheinen durch und kauft sich regelmäßig das *Schoko-Magazin* mit seinen verführerischen Hochglanzfotos.

Nicht lange, und er macht morgens auf dem Weg zum Büro einen Umweg, der rein zufällig an einem Süßwarenladen vorbeiführt. Er öffnet das Autofenster und zieht den Schokoladenduft ein. Bald kauft er sich die Zeitung an dem Kiosk neben dem Laden. Er schielt verstohlen zu den Auslagen im Fenster hin: *Hmmm, Edel-Nuss-Vollmilchschokolade mit ganzen Nüssen …*

Eines Tages erinnert er sich, dass er ja dringend einen Anruf machen muss, und er weiß auch, wo die nächste Telefonzelle ist: vor dem Süßwarenladen. Wenn man schon mal da ist, warum nicht schnell einen Kaffee trinken?

Der arme Mann hat nicht die Absicht, seinen guten Vorsatz zu brechen und Schokolade zu essen. Aber genau dies wird er früher oder später tun, sein leichtsinniges Verhalten führt ihn geradewegs dorthin. Wenn es dann geschehen ist, jammert er: »Was ist da nur schiefgelaufen? Ich hab doch so gebetet! Und andere haben für mich gebetet. Ich habe Gott gebeten, mich frei zu machen – und jetzt das! Ach, ich glaube, ich geb's auf …«

Nichts wie weg!

Wenn wir nichts anderes von dem Beispiel mit der Schokolade lernen, dann doch wenigstens dies: Gute Vorsätze, ja Gebete allein genügen nicht. *Wenn wir Sieg über die Versuchung bekommen wollen, brauchen wir klare Ziele und solide Strategien, und wir müssen diese konsequent anwenden.*

Was ist unsere erste Verteidigung gegen Unreinheit? 1. Korinther 6,18 sagt es uns:

»Flieht die Hurerei!«

Das Bild mit dem Fliehen ist eindeutig. Wenn es um sexuelle Versuchungen geht, ist Feigheit gar nicht so schlecht. Wer zögert (»Soll ich, soll ich nicht?«), der hat schon halb verloren. »Lauf weg!«, ist die Devise.

Sprüche 4,14-15 baut dieses Bild noch aus:

> »Komm nicht auf den Pfad der Gottlosen und tritt nicht auf den Weg der Bösen. Lass ihn liegen und geh nicht darauf; weiche von ihm und geh vorüber.«

Genau so verfuhr Joseph, als die Frau des Potiphar ihn verführen wollte:

> »Und sie bedrängte Joseph mit solchen Worten täglich. Aber er gehorchte ihr nicht, dass er sich zu ihr legte und bei ihr wäre. […] Und sie erwischte ihn bei seinem Kleid und sprach: Lege dich zu mir! Aber er ließ das Kleid in ihrer Hand und floh und lief zum Hause hinaus.«
>
> 1. Mose 39,10-12

Joseph weigerte sich nicht nur, mit dieser Frau ins Bett zu gehen, sondern auch, »bei ihr zu sein«, und als sie ihn zwingen wollte, rannte er weg. Versuchen Sie nicht, der Versuchung tapfer zu »widerstehen«, wenn Sie auch vor ihr wegrennen können. Wer eine Diät hält, tut gut daran, einen großen Bogen um Schokolade zu machen.

Abstand halten

Sie sagen Ihren Kindern: »Spielt nicht an der Autobahn.« Was erwarten Sie? Dass die lieben Kleinen an der Böschung der Autobahn entlangspazieren und auf die Leitplanken neben dem Standstreifen klettern? Ganz offensichtlich nicht.

Die Kinder protestieren: »Aber wir waren doch gar nicht *auf* der Autobahn!« Mag sein. Aber wenn sie lange genug ausprobieren, wie nahe an der Autobahn sie spielen können, werden sie irgendwann überfahren werden.

Ich halte nichts von der klassischen Frage »Wie weit kann ich gehen?« Was bedeutet diese Frage denn? Sie bedeutet: *Wie viel kann ich mir erlauben, ohne zu sündigen? Sag mir, wo die Grenze ist, damit ich einen Zentimeter davor anhalten kann.*

Die Bibel sagt etwas anderes. Paulus warnt den jungen Timotheus: »Fliehe die Begierden der Jugend! Jage aber nach der Gerechtigkeit, dem Glauben, der Liebe, dem Frieden mit allen, die den Herrn anrufen aus reinem Herzen« (2Tim 2,22).

Wer vor einer Gefahr flieht, der dreht sich nicht alle fünf Meter um und fragt: »Bin ich schon weit genug weg?« Der Geist des Gehorsams sagt: »Wenn mein himmlischer Vater mir sagt, dass das hier nicht recht ist, halte ich Abstand – nicht zwei Zentimeter, sondern zwanzig Meter.«

Vorbeugen ist besser als heilen

Wer viel reisen muss, erlebt viel sexuelle Versuchung. Die natürlichen »Bremsen« wie Ehe, Familie, Gemeinde usw. sind ja nicht da, wenn ich allein in einer fremden Stadt bin. Anonymität, Einsamkeit und freie Zeit können eine explosive Mischung sein.

Ich kenne gläubige Männer und Frauen, die auch oft reisen, aber nicht in Versuchung fallen. Doch viele andere schaffen es nicht. Sie sollten aufhören mit ihren Geschäftsreisen, auch wenn dies vielleicht bedeutet, dass sie eine andere Stelle annehmen müssen, die weniger Gehalt bringt.

Auf Männerkonferenzen bitte ich manchmal Männer, die viel unterwegs sind, zu erzählen, wie sie mit der sexuellen Versuchung umgehen. Ein Mann erzählte uns, dass er sich jahrelang Sexfilme angesehen hatte, wenn er abends allein in seinem Hotelzimmer war. Bis er schließlich beschloss, etwas dagegen zu tun: »Wenn ich heute in einem Hotel absteige, bitte ich als Erstes an der Rezeption, den Fernseher aus meinem Zimmer zu entfernen. Gewöhnlich heißt es dann erst einmal: ›Warum lassen Sie ihn nicht einfach aus?‹ Ich bestehe auf meinem Wunsch (schließlich ist der Kunde König), und bisher hat es noch immer geklappt. Der Fernseher ist weg, ich *kann* ihn gar nicht mehr einschalten. So habe ich Gott gezeigt, dass es mir ernst war. Ich mache das jetzt seit einem Jahr so, und mein Leben ist wie neu geworden.«

Dieser Mann hat etwas Wichtiges entdeckt: Es ist immer einfacher, der Versuchung *auszuweichen*, als ihr zu *widerstehen*. Treffen Sie in einer Stunde, in der Sie stark sind, Entscheidungen, die Ihnen helfen, in Ihren schwachen Augenblicken Versuchungen zu vermeiden.

Das innere Leben kultivieren

Bei einem Buch wie diesem ist die Gefahr immer, dass es als ein »Sieben-Schritte-zum-Erfolg«-Ratgeber missverstanden wird. Ich bin mir voll darüber im Klaren, dass ein paar gute Tipps und moralische Appelle nicht ausreichen, um den Griff der sexuellen Sünde oder tief eingewurzelter Angewohnheiten zu brechen. Es gibt hier keine einfachen Patentrezepte.

Ich kann nicht genug betonen, wie wichtig es ist, die Kraft des in uns wohnenden auferstandenen Christus in Anspruch zu nehmen. Moralische Besserungsprojekte sind nicht genug; es besteht die Gefahr, dass sie die Sünde der Unzucht durch die Sünde der Selbstgerechtigkeit ersetzen. Das Leben des Gläubigen ist mehr als Sünden-Management; es bedeutet, dass Gott mich von innen her neu macht und mir seine Kraft gibt, ein Leben in Gerechtigkeit zu führen.

Aber die Bibel fordert uns auch auf, bestimmte Dinge, die in unserer Macht liegen, zu tun oder zu lassen, und wenn wir damit Ernst machen, kommt es oft zu einer Veränderung des Herzens. Wir sollten also die nötigen Schritte tun, indem wir wissen, dass sie nicht ausreichend, aber nötig sind. Letztlich ist der Ort, wo wir den Kampf um Reinheit gewinnen, das stille Kämmerlein, in dem wir allein mit Gott sind, und die Gemeinschaft mit unseren Mitkämpfern in Christus.

Wer immer nur beschäftigt ist, der kann nicht mehr hören, wie Gottes Geist, sein Wort und seine Leute zu ihm reden. Wer übermüdet ist, der merkt nicht mehr, was um ihn und in ihm passiert. In der nüchternen Selbstprüfung merken wir, was für Dinge und Situationen es sind, die bei uns zur Versuchung führen, und dann können wir sie vor Gott bringen.

Die Stunden, die wir mit Gott verbringen, sind der Brunnen, aus dem unsere Heiligung fließt – und unsere Freude. Sie erinnern uns daran, wer wir sind und wem wir gehören. Unsere Heimat ist der Himmel (vgl. Phil 3,20). Wir sind »Gäste und Fremdlinge« auf dieser Erde, die einen »besseren Ort« bzw. eine »Heimat im Himmel« suchen (vgl. Hebr 11,13-16). Wir sind nur zu Besuch auf dieser Erde, und wenn wir unsere Gedanken täglich auf den Himmel ausrichten, wo Christus ist, gibt er uns die Kraft, die Sünden unseres alten Menschen unter die Füße zu bekommen, einschließlich der sexuellen Sünden (siehe Kol 3,1-5).

Mit der Bibel kämpfen

Jesus zitierte Bibelverse, um die Versuchungen des Satans zu kontern (vgl. Mt 4,1-11). Wenn die Angriffe auf unsere Reinheit kommen, sollten wir das Schwert des Geistes, d. h. das Wort Gottes, nehmen, um damit zu kämpfen (vgl. Eph 6,17). Dazu aber ist es notwendig, dass wir Bibelverse auswendig lernen:

> »*Ich behalte dein Wort in meinem Herzen, damit ich nicht wider dich sündige.*« Psalm 119,11

In diesem Buch finden Sie viele Bibelverse. Suchen Sie sich einige aus, die Sie besonders ansprechen. Schreiben Sie sie auf, heften Sie sie an den Kühlschrank oder die Pinnwand oder tragen Sie sie mit sich herum. Wenn der Teufel Sie versuchen will, dann *geben Sie ihm Kontra*. Die Bibel liefert Ihnen die passenden Worte dazu. Halten Sie sie bereit.

Es ist möglich

Jesus wies seine Jünger an, »allezeit [zu] beten und nicht nachzulassen« (Lk 18,1). Oft landen wir auf den Knien, wenn wir eine Schlacht verloren haben. Besser wäre es, wir gingen schon auf die Knie, *bevor* die Schlacht beginnt.

Zu oft schließen wir einen Waffenstillstand mit der Sünde. Wir dulden es, dass sie immer mehr Gebiete in unserem Leben und unseren Häusern beherrscht.

Jesus ruft uns zu: »Gib nicht auf! Bitte Gott um Hilfe!« Vielleicht halten Sie das für naiv; Sie haben den folgenden Spruch vielleicht zu oft gehört: »Lies die Bibel und bete, und alle deine Probleme werden gelöst.« Nein, sie werden nicht alle gelöst – aber ohne Bibellesen und Gebet wird gar nichts gelöst. Jesus wusste, wovon er redete.

Jakobus wusste es auch: »Widersteht dem Teufel, so flieht er von euch« (Jak 4,7). Würde Gott uns aufrufen, sexuelle Sünden zu meiden, wenn dies unmöglich wäre?

Viele haben so viele Niederlagen erlebt, dass sie nicht mehr glauben, dass der Sieg möglich ist. Sie haben das Handtuch geworfen. Aber Gott hat uns die Berufung *und die Macht* gegeben, Sieger zu werden – Menschen, die die Sünde überwinden (vgl. Offb 3,5).

Ein Freund, der es geschafft hat, sagte mir einmal: *»Die Leute ändern sich erst, wenn es weniger wehtut, sich zu ändern, als so zu bleiben, wie man ist.«* Viele christliche Männer – die dazu erst ins Loch der Verzweiflung fallen mussten – sind in Selbsthilfegruppen für Sexsüchtige, wo sie lernen, ihr Leben in den Griff zu bekommen. Es gibt Zehntausende, die lebende Beweise dafür sind, dass Sieg über sexuelle Versuchungen möglich ist. Wir sollten uns ihre Geschichten anhören, Gott für sie danken und anderen diese Botschaft der Hoffnung bringen.

Viele Süchtige, die gar keine Christen sind, sind durch Gruppen wie die Anonymen Alkoholiker frei geworden. Wenn selbst Nichtchristen (wenn auch unter Benutzung so mancher biblischer Prinzipien) eine solche Veränderung in ihrem Leben erfahren, *wie können wir dann glauben, dass der Geist Gottes bei den Gläubigen, in denen er selbst wohnt, nicht noch viel mehr bewirken kann?*

Wenn Ihnen jemand eine Pistole auf die Brust setzt und droht, Sie zu erschießen, wenn Sie den Sexfilm im Fernseher einschalten, werden Sie ihn dann trotzdem einschalten? Nein? Dann *müssen* Sie ihn nicht sehen! Dann haben Sie lediglich Ihre Augen nicht im Zaum. Sie müssen lernen, Ihr falsches Denken von Gottes Wahrheit korrigieren zu lassen, Nein zu Ihren sündigen Impulsen zu sagen und gesündere Gewohnheiten einzuüben.

Es ist möglich. Sie können den Fernseher abschalten, Sie können wegschauen, Sie können woanders hingehen.

Sie brauchen nicht diese Internetseite zu besuchen oder jener Frau über die Brust zu streicheln oder sich streicheln zu lassen. Es gibt eine Alternative. Nehmen Sie Gottes Kraft in Anspruch (vgl. 2Petr 1,3-4).

> *»Denn die Gnade Gottes ist erschienen, die Heil bringend ist für alle Menschen; sie nimmt uns in Zucht, damit wir die Gottlosigkeit und die weltlichen Begierden verleugnen und besonnen und gerecht und gottesfürchtig leben in der jetzigen Weltzeit.«*
>
> Titus 2,11-12 (Schlachter 2000)

Es geht hier um die ganz großen Themen der Bibel, um Gnade und Erlösung. Unser Kampf mit der sexuellen Versuchung sollte uns neu an unsere Bedürftigkeit vor Gott erinnern – und uns eine neue Sehnsucht nach unserer endgültigen Erlösung geben (vgl. Röm 7,7-25).

Ein ganzes Leben lang rein sein – ist das zu viel für Sie? Dann fangen Sie einfach mit den nächsten 24 Stunden an. Wollen Sie einen Tag lang Freiheit haben von der Sexbesessenheit? Holen Sie sich Hilfe. Seien Sie weise. Gehen Sie der Versuchung aus dem Weg. Gehen Sie zu Christus und erfahren Sie seine Kraft.

Wenn die ersten 24 Stunden vorbei sind und Sie geschmeckt und gesehen haben, dass der Herr freundlich und gut ist (vgl. Ps 34,9), dann legen Sie ihm die nächsten 24 Stunden hin. Verlassen Sie sich jeden Morgen neu auf ihn, nur für diesen einen Tag.

Unterschätzen Sie Christus nie. Gott ist mächtiger als die Sünde. Der Sieg ist nicht erst im Himmel möglich, sondern schon jetzt! Gott selbst hat es uns gesagt: »Denn alles, was aus Gott geboren ist, überwindet die Welt« (1Jo 5,4; Schlachter 2000).

Ganze Sache

Stellen Sie sich vor, ich sage Ihnen: »Eine Straße weiter wohnt 'ne sexy Biene. Da geh'n wir hin und schauen durch das Fenster zu, wie sie sich auszieht und dann mit nacktem Oberkörper für uns posiert. Darauf wird sie mit ihrem Freund in ein Auto steigen und dort Sex haben, und wir hören ihnen zu und sehen, wie die Autofenster beschlagen!«

Wahrscheinlich sind Sie schockiert. Sie denken wohl: *Das ist ja voll pervers!*

Nun gut, dann sage ich Ihnen etwas anderes: »Heute Abend schauen wir uns *Titanic* an.« Viele Christen schwärmen von diesem Film, Jugendgruppen schauen ihn sich an, viele haben ihn zu Hause im Wohnzimmer gesehen. Der Film enthält exakt die Szenen, die ich gerade beschrieben habe.

Und jetzt frage ich Sie: *Wie kann etwas, das schmutzig und schändlich ist, dadurch salonfähiger werden, dass wir es nicht live durch ein Fenster, sondern als Konserve im Fernsehen oder im Kino sehen? Wo ist hier der Unterschied in der Wirkung auf unsere Fantasie und unsere Moral?*

Aber viele halten *Titanic* für einen wunderbaren Film, den man auch Jugendlichen unbesorgt zeigen kann. Ja, tagtäglich schauen in unserer Gesellschaft viele Christen durch das Fenster des Fernsehbildschirms zu, wie Menschen sich ausziehen und Sex haben. Wir sind eine Generation von Voyeuren geworden – von Menschen, die gierig die Sünden anderer begaffen, um sich damit zu unterhalten.

Das ganz normale Böse

Die Strategie des Teufels besteht darin, das Böse für normal zu erklären. Nehmen wir junge Leute, die mit homosexuellen Versuchungen kämpfen. Wie wirkt es wohl auf sie, wenn sie im Fernsehen Serienfilme anschauen, in denen Schwule scheinbar ganz normal »zusammenleben«?

Eltern, die niemals im Leben einen Babysitter für ihre Kinder engagieren würden, der auch nur um drei Ecken der Pädophilie verdächtigt wird, liefern dieselben Kinder unbesorgt der Sünde aus, wenn sie diese vor dem Fernseher zappen lassen. Auf diese Weise bekommen auch unsere Kinder eine moralische Hornhaut. Wir lassen unseren Sohn Hunderte von Sexszenen konsumieren, Tausende von Schlüpfrigkeiten hören – aber wenn er dann ungewollt Vater wird, verstehen wir die Welt nicht mehr ...

»Aber das bisschen Sex im Fernsehen macht doch nichts.« Wirklich nicht? Wenn ich Ihnen einen Keks anbieten und sagen würde: »In dem Teig ist ein bisschen Mäusekot, aber das ist so wenig, das merken Sie nicht« – würden Sie den Keks nehmen?

»Die Furcht des HERRN bedeutet, das Böse zu hassen« (Spr 8,13; Schlachter 2000). Aber wie können wir das Böse hassen, wenn wir uns von ihm unterhalten lassen? *Wie können wir rein sein, wenn wir uns mit der Unrein-*

heit amüsieren? Gott warnt uns davor, über Sex auch nur zweideutig zu reden:

> *»Unzucht aber und alle Unreinheit oder Habsucht soll nicht einmal bei euch erwähnt werden, wie es Heiligen geziemt; auch nicht Schändlichkeit und albernes Geschwätz oder Witzeleien, die sich nicht gehören.«*
> Epheser 5,3-4 (Schlachter 2000)

Wie vergleichen sich Ihre Lieblingsfernsehsendungen mit diesen Bibelversen? Wie viel Unzucht und schmutziges Gerede enthalten sie? Kann man wirklich Gott achten und das Böse hassen, wenn man sich zu seiner Abendunterhaltung die Anzüglichkeiten fragwürdiger Entertainer anhört?

Der radikale Jesus

Hören wir, was Jesus in der Bergpredigt sagt:

> *»Ihr habt gehört, dass gesagt ist: ›Du sollst nicht ehebrechen.‹ Ich aber sage euch: Wer eine Frau ansieht, sie zu begehren, der hat schon mit ihr die Ehe gebrochen in seinem Herzen. Wenn dich aber dein rechtes Auge zum Abfall verführt, so reiß es aus und wirf's von dir. Es ist besser für dich, dass eins deiner Glieder verderbe und nicht der ganze Leib in die Hölle geworfen werde. Wenn dich deine rechte Hand zum Abfall verführt, so hau sie ab und wirf sie von dir. Es ist besser für dich, dass eins*

deiner Glieder verderbe und nicht der ganze Leib in die Hölle fahre.« Matthäus 5,27-30

Warum malt Jesus dieses schockierende Bild? Ich glaube, weil er will, dass wir radikal werden und *alles tun, was nötig ist*, um mit der sexuellen Versuchung fertigzuwerden.

Man beachte hier, dass die Hand und das Auge an sich nicht die Ursache der Sünde sind. Ein Blinder kann immer noch sexuell gierig sein, ein Mann mit nur einer Hand immer noch stehlen. Aber das Auge ist ein Einfallstor für gute und böse Dinge, und mit der Hand kann ich Gutes und Böses tun. Folglich müssen wir darauf achten, was unsere Augen sehen und unsere Hände tun.

Wenn wir Jesus ernst nehmen, müssen wir in unserem Denken über sexuelle Reinheit viel radikaler werden.

Tun, was nötig ist

Der Kampf ist zu heftig, der Einsatz zu hoch für einen unbekümmerten Umgang mit dem Thema »sexuelle Reinheit«. Also: Wenn Bilder mit Sexszenen Sie magisch anziehen, dann gehen Sie in keinen Video-Verleih. Sie meinen, dass da doch alle hingehen? Aber wenn Sie durch den Video-Verleih zum Sündigen verführt werden, dann haben Sie dort nichts zu suchen. Punkt.

Gehen Ihre Gedanken auf entsprechende Wanderschaften, wenn Sie mit einer bestimmten Frau/einem bestimmten Mann zusammen sind? Dann gehen Sie dieser Person aus dem Weg. Wirken bestimmte Schlager erotisch auf Sie? Hören Sie diese nicht mehr. Ist Telefonsex eine Versuchung für Sie? Dann lassen Sie Ihr Telefon für diese Nummern sperren.

Sie finden, dass solche Regeln Krücken sind? Nun, wenn Sie diese brauchen, um besser laufen zu können, dann sollten Sie diese benutzen.

Manche Männer begehen im Geiste Ehebruch, wenn sie Reizwäsche-Prospekte durchblättern oder Frauen in Miniröcken, zu engen Hosen oder mit tiefem Ausschnitt sehen oder bestimmte Fernsehshows oder Werbespots. Andere Männer haben Probleme mit dem Anzeigenteil ihrer Zeitung. Oder mit Illustrierten, auch wenn es keine Pornomagazine sind.

Die Generalanweisung lautet: *Wegschauen!* Und zweitens: *Die Situationen vermeiden, in denen Sie hinschauen müssten.*

Wenn Sie Ihren Fernseher abschaffen müssen, um sexuell reiner zu werden, dann schaffen Sie ihn ab! Wenn Sie nicht mehr zu bestimmten Sportveranstaltungen gehen können, dann bleiben Sie eben zu Hause. Wenn Sie in einer Situation wegschauen oder die Augen schließen müssen, dann tun Sie das.

Weihen Sie Ihre Frau in Ihr Problem ein. Wenn Sie alleinstehend sind, wenden Sie sich an einen guten Freund. Kaufen Sie keine Boulevardblätter, die regelmäßig die Nackte der Woche zeigen. Wenn Sie Probleme mit bestimmten Annoncen in Ihrer Tageszeitung haben, bitten Sie Ihre Frau, sie auszuschneiden und wegzuwerfen, bevor Sie die Zeitung lesen.

Vor Jahren fing ich damit an, die allzu sexy Titelseiten unserer Fernsehprogrammzeitschrift abzureißen und wegzuwerfen. Inzwischen hat meine Frau diese Aufgabe übernommen, und dafür bin ich ihr dankbar. (Natürlich gibt es auch Illustrierte, die Sie gar nicht erst abonnieren oder kaufen sollten.)

Römer 13,14 fordert uns auf, uns nicht von unseren Leidenschaften beherrschen zu lassen. *Es ist Sünde, sich bewusst in Situationen zu begeben, wo Versuchungen auf uns warten, denen wir nicht widerstehen können.* Egal, was es ist – die Miederwarenabteilung im Kaufhaus, das Freibad oder das Fitness-Center –, wenn es Ihnen zur Versuchung wird, dann gehen Sie nicht hin!

Sprüche 7 beschreibt, wie ein törichter junger Mann einer Ehebrecherin ins Netz geht. Wir müssen Abstand halten von allen Menschen, Orten und Situationen, die uns zur Sünde verführen. Gehen Sie nicht in die Buchhandlung mit der umfangreichen Erotikabteilung. Meiden Sie die alte Studienfreundin, schaffen Sie den Fernseher ab, gehen Sie nicht ins Internet. Sagen Sie Nein zu allem, was Sie von Jesus wegziehen will. *Wenn Sie wollen, dass Ihr Leben anders wird, müssen Sie andere Entscheidungen treffen.*

Wenn Sie keine Frau im Bikini sehen können, ohne lüsterne Gedanken zu bekommen, machen Sie keinen Urlaub am Strand. Nein, auch dann nicht, wenn es eine Gemeindefreizeit ist.

Klingt Ihnen das zu drastisch? Die Hand abhacken ist noch viel drastischer!

Als unsere Familie einen Wochenend-Ausflug ans Meer plante, schickte ich meinen Schwiegersöhnen die folgende E-Mail: »Wir sollten das nur machen, wenn wir uns darüber einig sind, dass wir nicht den Frauen und ihren Badeanzügen hinterherschauen. Wenn wir das nicht schaffen, bleiben wir besser zu Hause.« Meine Schwiegersöhne machten mit, was ich auch nicht anders erwartet hatte, und wir wurden Kampfgefährten im Krieg um die Reinheit.

Für viele Männer wird der Kampf härter, wenn es dunkel wird. Dann haben Telefonsex und Sex im Internet Hochsaison. Die Lösung ist einfach: Bleiben Sie abends nicht länger auf als Ihre Frau. Oder: Wenn Ihre Frau im Bett ist, bleiben Fernseher und Computer aus.

»Aber ...«

»*Aber wo gibt es im Fernsehen heute noch Sendungen, die anständig sind?*« Dann sehen Sie eben nicht mehr fern. Lesen Sie stattdessen ein Buch oder unterhalten Sie sich mit Freunden.

»*Aber in den modernen Romanen gibt es immer irgendwo Sexszenen.*« Dann lesen Sie alte Romane. Oder solche von christlichen Autoren.

»*Aber diese Illustrierte habe ich seit zehn Jahren abonniert; damals gab es die Nacktseiten noch nicht.*« Aber es gibt sie heute. Bestellen Sie die Zeitschrift ab und sagen Sie dem Verlag, warum Sie das tun.

»Aber wo gibt es heute noch Filme ohne Sexszenen oder schlüpfrige Sprache?« Es gibt heute auch gute christliche Videos oder sehenswerte Filme.

Aber gesetzt den Fall, es gibt keine »anständigen« Filme – was dann? Nun, ich mag gute Filme, aber die Bibel fordert uns nirgends auf, Filme anzuschauen, dafür aber, unser Herz in Acht zu nehmen. Wir stehen in einem Kampf. *Tun Sie alles, was nötig ist*, um rein zu werden!

Ein Freund formulierte einen Vertrag für jeden Tag, der die folgenden Fragen stellt: »Bist du bereit, das Nötige zu tun, um deine sexuelle Fantasie zu schützen? Bist du bereit, Gott oder andere um Hilfe zu bitten? Bist du bereit, in hilfreiche Vorträge zu gehen, gute Bücher zu dem Thema zu lesen, Grenzen zu ziehen und einzuhalten und brutal ehrlich vor dir selbst zu sein?«

Zu viel verlangt?

»Was Sie da sagen, heißt doch, dass ich mich zum Einsiedler mache. Das ist zu radikal.«

Es geht nicht darum, was *ich* sage. *Jesus* hat gesagt, dass es besser ist, sein Auge auszureißen oder die Hand abzuhacken, als sich mutwillig in Versuchung zu begeben. *Das* nenne ich radikal!

Ich habe gebetet: »Herr, ehe ich meine Frau betrüge und Ehebruch begehe, möchte ich lieber, dass du mich sterben lässt.« Jahre vor mir hatte Bill Bright das gleiche Gebet gesprochen. Er meinte es ernst. Ich auch.

Viele behaupten, dass es ihnen ernst ist mit der sexuellen Reinheit, aber dann sagen sie: »Den Fernseher lasse ich mir nicht nehmen.« Oder: »Ich werde doch meiner Frau nicht das Passwort für meinen Computer verraten!«

Viele Christen haben Folter und Tod für Jesus erlitten, und wir jammern, wenn wir das Kabelfernsehen abschaffen sollen? Als Jesus seine Jünger aufrief, für ihn ihr Kreuz auf sich zu nehmen (Mt 10,38), hat er damit Opfer gemeint, die größer sind, als nicht mehr ins Internet zu gehen!

Wie entschlossen sind Sie in Ihrem Kampf gegen die sexuelle Sünde? Wie ernst ist es Ihnen damit, Sieg zu erringen? Zu wie viel Radikalität für Ihren Herrn sind Sie bereit? Wie wichtig sind Ihnen die Freude und der Friede – jene geistlichen Güter, die es nur in ihm gibt?

Nur der wird rein, der wirklich rein werden will.

Umgang mit dem Internet

Nehmen Sie sich einen »familienfreundlichen« Provider, der Porno-Seiten von vornherein ausfiltert. Installieren Sie, falls notwendig, zusätzlich ein entsprechendes Filterprogramm auf Ihrem Computer. Prüfen Sie die Einstellungen in Ihrem Internet-Programm (und ändern Sie diese gegebenenfalls). So lassen sich zum Beispiel unerwünschte Werbefenster u. a. oft ausblenden. Vielleicht geben Sie einem Menschen Ihres Vertrauens Ihr Passwort und lassen ihn regelmäßig prüfen, was für Internetseiten Sie in den letzten Tagen oder Wochen besucht haben. Wenn Sie Probleme mit gewissen Internetseiten haben, gehen Sie nur dann ins Internet, wenn Sie nicht allein sind. Stellen Sie den Computer lieber ins Wohnzimmer (wo andere sehen können, was Sie machen) als ins stille Kämmerlein. Wenn alles nicht hilft, deaktivieren Sie den Internetzugang Ihres Computers. Oder schaffen Sie den Computer überhaupt ab, wenn nichts anderes funktioniert.

Den Fernseher beherrschen

Wählen Sie vorher aus, was Sie sehen wollen. Zwischen den Kanälen hin und her springen (»zappen«) kann gefährlich sein.

Ziehen Sie den Netzstecker Ihres Fernsehers oder bewahren Sie Ihren Apparat in einem Schrank oder in der Garage auf, damit Sie nicht ständig vor ihm kleben. Zögern Sie nicht, den »Aus«-Knopf zu drücken oder auf ein anderes Programm zu schalten, wenn es auf dem Bildschirm zu heiß wird. Schaffen Sie den Kabelanschluss oder die Satellitenschüssel ab, wenn die problematischen Sendungen von dort kommen.

Lassen Sie Ihren Vierjährigen nicht selbst auswählen, was er sehen möchte. Wenn die Kinder älter werden, dürfen sie Wünsche äußern, aber die Eltern haben ein Vetorecht. Benutzen Sie den Fernseher nie als Babysitter und halten Sie nicht mehr als ein Gerät im Haus. Der eigene Fernseher im Kinderzimmer ist eine ideale Methode, die Familie auseinanderzureißen. Übrigens: Es gibt auch Familien, die gar keinen Fernsehapparat haben!

Machen Sie es sich zur Gewohnheit, für jede Stunde, die Sie fernsehen, eine Stunde lang in der Bibel oder einem christlichen Buch zu lesen. Oder sich in der Gemeinde zu engagieren oder etwas mit der Familie zu unternehmen. Nicht alle Sendungen im Fernsehen sind schlecht, aber oft halten sie uns von Dingen ab, die eigentlich besser sind.

Legen Sie regelmäßig eine »Fernsehfastenwoche« ein, in der sie den Apparat ausgeschaltet lassen. Beobachten Sie, was sich in dieser Woche in Ihrer Familie oder Ihrem Freizeitverhalten ändert. Es könnte sein, dass Sie zu dem Ergebnis kommen, dass die Stunden vor der Glotze eigentlich verlorene Zeit sind.

Noch einmal: im Zweifelsfall besser ganz abschaffen. (Das ist nicht »Gesetzlichkeit«, das ist Nachfolge.)

Tipps für Singles

Es gibt heute immer mehr Alleinstehende: junge Leute, aber auch ältere Erwachsene, die nie geheiratet haben, sowie Menschen, die nach dem Tod des Ehepartners oder einer Scheidung erneut allein sind.

Unsere jungen Leute haben heute Freizeit, Geld und Mobilität wie noch nie zuvor. Nehmen wir dazu die zurückgehende elterliche Aufsicht und die wachsende Lücke zwischen Pubertät und Eheschließung, außerdem noch die Sexualisierung der Werbung und der Medien, für die Sex außerhalb der Ehe etwas völlig Normales ist, und der Druck der Versuchung ist enorm. Machen wir uns nichts vor: Der christliche Single, der da noch nach Gottes Geboten leben will, braucht die richtigen Strategien.

Die Bibel warnt uns vor menschengemachten Regeln, die letztlich keinen echten Wert haben (vgl. Kol 2,20-23). Die Tipps, die ich Ihnen im Folgenden gebe, sind nur insoweit gut, als sie biblisch und weise sind. Aber nicht jede Regel ist gesetzlich. Die Sprüche Salomos etwa rufen uns immer wieder dazu auf, unserem gesunden, an Gottes Wort geschärften Menschenverstand zu folgen.

Die Bibel vergleicht Christen mit Soldaten, Athleten und Bauern (siehe 2Tim 2,3-6) – alles Menschen, die diszipliniert ganz bestimmte Regeln einhalten. Galater 5,22-23 nennt die Selbstbeherrschung als eine der Früchte des Heiligen Geistes.

»Wie weit darf ich gehen?«

Gott hat unseren Sexualtrieb geschaffen. Wird er stimuliert, wird ein Mechanismus in Gang gesetzt, der auf den Höhepunkt abzielt. Einander auf eine sexuell erregende Art zu streicheln und zu liebkosen, ist sexuelles Vorspiel, und das Vorspiel gipfelt, so wie Gott uns geschaffen hat, im Geschlechtsverkehr. Wenn nun Geschlechtsverkehr außerhalb der Ehe verboten ist, dann ist mithin auch das Vorspiel verboten und überhaupt jedes Verhalten, das uns körperlich oder seelisch in Richtung Geschlechtsverkehr weist.

Das aber heißt: Wir müssen die Bremse betätigen, *bevor* wir sexuell erregt werden. Alles, was uns oder den anderen »anturnt«, ist verboten. Wenn wir die Sicherheitsgrenze erst einmal überschritten haben, ist es unseren Hormonen egal, welche frommen Vorsätze wir gefasst hatten.

Männer werden im Allgemeinen leichter sexuell erregt als Frauen. Die Frau genießt die Küsse, der Mann denkt schon an mehr. Ziehen Sie die Grenzen so, dass Sie *beide* in der Sicherheitszone bleiben!

Wenn einer von Ihnen merkt, dass eine scheinbar noch so harmlose Berührung ihn sexuell stimuliert, sollten Sie beide sofort auf die Bremse treten. Tun Sie das nicht, befinden Sie sich in einem Kanu, das auf einen Wasserfall zurast. Wundern Sie sich nicht, wenn eine allzu heftige Schmuserei irgendwann in den Vollzug des Geschlechtsverkehrs mündet. Sie selbst haben die Weichen dazu gestellt.

Wenn Sie wollen, dass der Zug in eine andere Richtung fährt, müssen Sie die Weichen anders stellen.

Der richtige Umgang

»Schlechter Umgang verdirbt gute Sitten.«
1. Korinther 15,33

Wir sind so verdrahtet, dass wir uns von unserer Umgebung beeinflussen lassen. Wenn wir mit Menschen umgehen, die Ernst mit Gott machen, wird uns das näher zu Gott ziehen. Wenn wir mit Menschen Umgang haben, die nichts von Gott wissen wollen, wird uns das von Gott wegdrücken.

»Der Umgang mit den Weisen macht weise, wer sich aber mit Narren einlässt, dem geht es schlecht.«
Sprüche 13,20 (Schlachter 2000)

Wir werden so wie unser Umgang. Die Bibel warnt uns vor dem Umgang mit Menschen, die »das Vergnügen mehr [lieben] als Gott« (vgl. 2Tim 3,4-5; Schlachter 2000).

»Miteinander gehen« ist Kür, nicht Pflicht«

Viel sexuelle Versuchung in unserer Kultur kommt dadurch zustande, dass junge Paare sich rasch nur für sich allein treffen. Es gibt Kulturen (etwa die hebräische), wo dies ganz anders ist und die jungen Leute sich nur dann treffen können, wenn ältere Erwachsene dabei sind. Ob Sie es glauben oder nicht: Es ist möglich, gute Freundschaften mit Menschen vom anderen Geschlecht zu pflegen und viel Spaß miteinander zu haben, ohne gleich ein Händchen haltendes Paar zu werden. Falls Sie wissen wollen, wie das geht und warum das gut ist, lesen Sie das Buch *Ungeküsst und doch kein Frosch* von Joshua Harris.

Die folgenden Richtlinien habe ich einem 16-seitigen Leitfaden über sexuelle Reinheit entnommen, den ich vor Jahren für meine Töchter und potenziellen Schwiegersöhne verfasste. Meine Frau und ich gingen diese Richtlinien Punkt für Punkt mit unseren beiden Töchtern durch. Wenn Sie sich doch für das übliche »Miteinandergehen« entscheiden, können Ihnen diese Richtlinien vielleicht helfen:

- Wenn Sie Christ sind, gehen Sie nur mit anderen Christen (vgl. 2Kor 6,14).
- Wenn es Ihnen ernst ist mit der Christusnachfolge, gehen Sie nur mit Christen, denen es ähnlich ernst ist.
- Denken Sie daran: Christus ist den ganzen Abend mit dabei – egal, wohin Sie gehen und was Sie machen.
- Ihr Ausgehpartner ist Ihr Bruder/Ihre Schwester in Christus, nicht Ihr »Geliebter«/Ihre »Geliebte« (vgl. 1Tim 5,1-2).
- Gehen Sie zusammen mit anderen aus, nicht allein.
- Pflegen Sie das Gespräch, nicht Berührungen.
- Lassen Sie sich Zeit mit der Entwicklung der Beziehung.

- Planen Sie den ganzen Abend vor, lassen Sie keine Lücken.
- Vermeiden Sie es, allein zu sein: auf dem Sofa, im Auto, im Haus oder im Zimmer.
- Pflegen Sie den Kontakt zu einem Menschen, dem Sie regelmäßig Rechenschaft über Ihr Verhalten ablegen.
- Stellen Sie sich vor, dass Ihre Eltern oder Ihr Pastor Ihnen durch das Fenster zuschauen. Gott schaut Ihnen auf jeden Fall zu (Jer 16,17)!
- Schreiben Sie sich Ihre eigenen Maßstäbe und Ziele auf und halten Sie diese ein.
- Tun Sie mit Ihrer Freundin/Ihrem Freund nur solche Dinge, die jemand anders mit ihr/ihm ruhig auch tun dürfte.
- Vorsicht vor zu langen Verlobungszeiten! Wenn Sie sich zur Ehe entschlossen haben, ist es gefährlich, noch länger als unbedingt nötig zu warten (vgl. 1Kor 7,8-9).

Tipps für Paare und Eltern

Zahllose Ehen sind zerstört worden, weil scheinbar harmlose Beziehungen am Arbeitsplatz, in der Ausbildung, ja sogar in der Gemeinde zu sexuellen Verhältnissen mutierten. Wie kann man dem vorbeugen?

Erwähnen Sie im Gespräch mit dem neuen Kollegen/der attraktiven Gemeindemitarbeiterin Ihren Ehepartner und Ihre Kinder. Achten Sie auf Ihre Gedanken, Ihre Augen und Ihre Körpersprache – auch dann, wenn Sie sich (noch) nicht zu dem anderen hingezogen fühlen. Sie wissen ja nicht, was vielleicht in ihm/ihr vor sich geht. Sagen Sie sich: »Dies könnte eine Beziehung werden, die alles bedroht, was mir lieb und wert ist. Das darf nicht sein!«

Nein, Sie sollen nicht hinter jedem Busch den Teufel wittern. Seien Sie einfach auf der Hut, damit Sie die Manöver des Teufels rechtzeitig durchschauen. Fliehen Sie vor seinen Lügen, bevor Sie von ihnen gepackt werden.

Was wir brauchen, ist ein Frühwarnsystem, das uns rechtzeitig zeigt, wo Gefahr im Verzug ist. *Eine Beziehung kann schon lange, bevor sie sexuell wird, unangemessen sein.*

Die eigene Ehe pflegen

Jeder Ehebruch beginnt mit einem Betrug, und die meisten Betrügereien beginnen mit scheinbar unschuldigen

Geheimnissen. (»Das braucht mein Mann/meine Frau nicht zu wissen.«) Wenn Sie verheiratet sind, prüfen Sie regelmäßig Ihre Beziehung. Achten Sie auf die Warnsymptome der Unzufriedenheit und des Abbröckelns der sexuellen Beziehung. Reden Sie offen miteinander. Legen Sie Ihre Probleme auf den Tisch, auch wenn es wehtut.

Seien Sie offen für die Bedürfnisse Ihrer Frau/Ihres Mannes. Bedenken Sie, dass die eheliche Sexualität auch Verantwortung bedeutet – keiner soll sich dem anderen verweigern (vgl. 1Kor 7,5). Sprechen Sie offen darüber. Seien Sie nicht bitter oder nachtragend. Wenn der sexuelle Appetit der beiden Partner unterschiedlich groß ist, sollten sie sich auf einen »Sexfahrplan« für die Woche einigen, damit keiner sich fragen muss, wann »das nächste Schäferstündchen dran ist«. (Spontanität ist nicht alles!)

Halten Sie sich Termine für Ihre Ehe frei. Stellen Sie Fotos Ihrer Frau und Ihrer Kinder auf den eigenen Schreibtisch im Büro. Wenn Sie geschäftlich verreisen müssen, rufen Sie oft zu Hause an.

Halten Sie zu Ihrer Frau/Ihrem Mann. Reden Sie nur Gutes über sie. Vertrauen Sie Ihre Eheprobleme niemandem vom anderen Geschlecht an, es sei denn, es handelt sich um einen Verwandten oder Berater. Seien Sie selbst dann noch vorsichtig.

Beten Sie mit- und füreinander. Tun Sie etwas für Ihre Gesundheit und Ihr Aussehen, damit Sie für Ihren Partner so attraktiv wie möglich sind. Seien Sie zurückhaltend in der Öffentlichkeit und sexy zu Hause – niemals umgekehrt!

Lassen Sie Ihren Ehepartner an Ihrem Berufsalltag teilnehmen. Reden Sie viel über Ihren Beruf, auch über Ihre Kämpfe, Enttäuschungen und Sorgen. *Hören Sie einander zu.* (Verschanzen Sie sich nicht hinter der Zeitung.) Lassen Sie es nicht so weit kommen, dass Sie nicht mehr miteinander leben, sondern nebeneinander her. Dies ist der erste Schritt hin zu einer Affäre mit »jemand, der mich endlich versteht«.

Christen haben in ihren Ehen dieselben Probleme wie Nichtchristen. (Aber wir haben Zugang zu Gottes Kraft, um sie zu lösen.) Auch in christliche Ehen können sich Bitterkeit und Langeweile einschleichen und die Partner entsprechend offen für den Reiz des/der »anderen« machen. Aber die Antwort ist nicht ein neuer Partner, sondern ein neues Auge für den »alten« Partner.

Das Feuer wieder entfachen

Ein Freund erzählte mir, dass er sich nicht mehr zu seiner Frau hingezogen fühlte. Er begann, Gott täglich darum zu bitten, sie wieder zu der attraktivsten Frau der Welt für ihn zu machen. Nach einem Monat wurde sein Gebet gründlich erhört. Nein, seine Frau war nicht anders geworden, aber er. Ein anderer Mann, der seine Geschichte ebenfalls gehört hatte, tat das Gleiche, mit ähnlichen Ergebnissen. Beide Ehen kamen wieder ins Lot.

Bringen Sie es Ihren Augen bei, nicht sexy Bildchen anzustarren, sondern Ihre Frau. *Wenn Ihr Geschlechtstrieb sich meldet, richten Sie ihn auf Ihren Partner.* Unser

Appetit, auch der sexuelle, lässt sich schulen. Man kann es lernen, sich nur von seiner Frau »berauschen« zu lassen (vgl. Spr 5,19), und nicht von der neuen Kollegin oder irgendwelchen Illustrierten-Models.

Halten Sie Ihre Ehe hoch. Werden Sie sich darüber klar, dass die Qualitäten Ihrer Frau/Ihres Mannes nicht das Ergebnis des richtigen Make-ups, der richtigen Kamera-Pose oder des neuen Augenliftings sind, sondern tiefer liegen. Richten Sie Ihre Blicke auf Ihren Ehepartner, und er wird das Juwel Ihres Herzens werden.

Manchmal brauchen wir zur Lösung unserer Eheprobleme auch Hilfe von außen, durch Berater oder andere Christen. Nehmen Sie solche Hilfe rechtzeitig in Anspruch, schieben Sie die Sache nicht auf die lange Bank!

Besorgen Sie sich christliche Bücher und andere Materialien zur Verbesserung Ihrer Ehe. Sicher gibt es auch in Ihrer Nähe Freizeiten oder Konferenzen für Ehepaare, die Ihnen sehr helfen können.

Ehrlich währt am längsten

Eine Frau berichtete mir Folgendes: Vor einem Jahr habe ihr Mann ihr unter Tränen bekannt, dass es ihn zu der neuen Kollegin hinzog und dass die Versuchung allzu stark für ihn wurde. Er versprach seiner Frau, die Beziehung zu beenden, und bat sie, ihm zu helfen und für ihn zu beten. Seine Frau war geschockt, aber begriff, dass ihr Mann jetzt ihre Hilfe brauchte und nicht ihr Selbstmitleid.

Das Ergebnis? Der Mann ging nicht nur auf Distanz zu seiner Kollegin, sondern die Beziehung zu seiner Frau wurde inniger als je zuvor. Unter Tränen erzählte sie mir: »Vor zwei Monaten ist mein Mann ganz plötzlich gestorben. Wenn er an diesem Abend nicht so ehrlich zu mir gewesen wäre, hätte er eine Affäre mit dieser Frau gehabt und mich wahrscheinlich verlassen. Er wäre mit dieser Sünde auf dem Gewissen gestorben, und seine Affäre hätte mich für den Rest meines Lebens verfolgt. Aber genau so ist es nicht gekommen. Seine letzten Worte zu mir waren: ›Ich liebe dich‹, und ich weiß, dass das stimmte; er hatte es mir durch sein Verhalten bewiesen. Ich danke Gott jeden Tag, dass ich die Erinnerung an meinen Mann in Ehren halten kann – weil er Gott und mich so liebte, dass er mir ehrlich von seinem Kampf erzählte.«

Sexuelle Sünde gedeiht am besten im Verborgenen; Offenheit kann sie nicht vertragen. Ein Mann sagte mir dazu: »Wir sind nur so krank wie unser tiefstes Geheimnis.« Die ehrliche Kommunikation in der Ehe entfremdet nicht, sondern schweißt zusammen. Es mag anfangs wehtun, über sexuelle Versuchungen zu sprechen, aber auf Dauer bringt es Erleichterung und ein Wachstum der Beziehung.

»Bekennt einander die Übertretungen und betet füreinander, damit ihr geheilt werdet« (Jak 5,16; Schlachter 2000). Auch wenn Ihre Frau nichts von Ihrer Sünde weiß, ist sie ihr Opfer. Wenn Sie Ihre Sünde nicht bekennen, betrügen Sie Ihre Frau gleich zweimal: erstens durch den Ehebruch selbst und zweitens dadurch, dass

Sie es ihr nicht möglich machen, Ihnen zu vergeben oder irgendwie zu reagieren. (Was nicht heißt, dass Sie alle Einzelheiten auf den Tisch legen müssen; eine schlichte Feststellung der Tatsachen reicht.)

Liebe Ehemänner, bitten Sie Ihre Frauen um Hilfe! Liebe Ehefrauen, fragen Sie Ihre Männer, was für sexuelle Versuchungen sie haben und wie Sie ihnen helfen können! Seien Sie dankbar, wenn sie ehrlich zu Ihnen sind. Zu viele Ehefrauen haben keinen Schimmer von den Kämpfen, die in ihren Männern toben. Lassen Sie Ihren Mann besser nicht zusammen mit Ihrer besten Freundin joggen. Wenn Sie übereingekommen sind, dass er nur dann ins Internet geht, wenn Sie dabei sind, denken Sie nicht: *Ich gehe schon mal ins Bett, da passiert schon nichts.*

Setzen Sie sich nicht aufs hohe Ross, weil Ihr Mann Probleme hat, die Sie gerade nicht haben. Haben Sie sich etwa noch nie Tagträumen über andere Männer hingegeben oder der Seelenpornowelt der Seifenopern und Frauenromane oder des Klatsches und Tratsches? Bekennen auch Sie Ihre Sünden. Ihr Mann braucht Sie als Freundin und Gefährtin, nicht als Gegnerin.

Unsere Kinder

Unsere Kinder mögen nicht immer auf uns hören, aber unser Verhalten ahmen sie nach. Der Sohn lernt vom Vater, ob man die sexy Dame in dem Werbespot fasziniert anstarrt oder wegschaut. Auch die Töchter registrieren es, wohin die Blicke ihrer Väter (oder Mütter) wandern.

Das größte Erbe, das wir unseren Kindern mitgeben können, ist, dass wir ihnen zeigen, was eine von Liebe geprägte, reine Ehe ist.

Bringen Sie Ihren Kindern bei, dass ihre Entscheidungen Konsequenzen haben, führen Sie sie auf den Weg der Weisheit, wie die Sprüche Salomos ihn beschreiben. Halten Sie sie dazu an, Gott zu lieben und das Böse zu hassen (vgl. Ps 97,10). Lehren Sie sie Selbstbeherrschung. Die Fähigkeit, Nein zu sagen, wird sich von selbst auch auf das Gebiet der Sexualität übertragen.

Halten Sie ein liebevolles, aber waches Auge darauf, welche Freunde Ihre Kinder haben und was sie sich im Fernsehen ansehen. Vermeiden Sie Doppelmoral – wenn ein Sexfilm nichts für Kinder ist, dann ist er auch nichts für Erwachsene.

Schützen Sie Ihr Kind. Würden Sie Ihrem Zwölfjährigen einen Stapel Pornomagazine in den Kleiderschrank legen und ihm anschließend sagen: »Du schaust die Hefte aber nicht an, oder«? Aber ganz ähnlich verfahren Sie, wenn Sie ihm einen Computer mit unkontrolliertem Internetzugang spendieren.

Sie sollten auch die Kleidung Ihrer Kinder kontrollieren. Ehemänner sollten ihren Frauen – und Töchtern – klarmachen, warum dieser Minirock oder jener Bikini nicht ganz das Richtige ist. Liebe Frauen, bitte glauben Sie uns: Wir wissen genau, wovon wir reden!

Von Bienen und Maikäfern

Jedes Kind wird sexuell aufgeklärt. Die Frage ist nur, wann, wo und von wem. Die Hauptaufklärungsarbeit sollte von den Eltern geleistet werden.

Wenn Sie nicht alle Fakten kennen, dann informieren Sie sich. Bringen Sie Ihren Kindern bei, dass Sexualität mehr ist als Biologie, dass es auch um Werte, Verantwortung und Ehe geht.

Achten Sie darauf, für welche Informationen Ihr Kind reif ist und für welche noch nicht. Beantworten Sie seine Fragen stets ehrlich und auf eine seinem Alter gemäße Weise. Sagen Sie ihm so viel, wie es wissen muss – nicht mehr und nicht weniger.

Schieben Sie es nicht auf die lange Bank. Es geht um das Wohl Ihres Kindes. Wenn Sie das erste Gespräch über Sexualität mit Ihrer schwangeren Fünfzehnjährigen führen, ist es zu spät.

Seien Sie nicht negativ. Erwähnen Sie, wie schön Geschlechtsverkehr in der Ehe ist. Schämen Sie sich nicht, über etwas zu reden, was Gott erschaffen hat.

Wenn Ihr Kind von anderen (z. B. in der Schule) Aufklärungsunterricht bekommt, informieren Sie sich genau, was es da hört.

Leben Sie den Kindern zu Hause vor, was Sittsamkeit ist. Wo sonst sollen sie es lernen?

Vergebung und Vorbeugung

Wenn wir aber unsre Sünden bekennen, so ist er treu und gerecht, dass er uns die Sünden vergibt und reinigt uns von aller Ungerechtigkeit.   1. Johannes 1,9

Wie David, der Ehebruch und einen Mord begangen hatte, müssen wir unsere Sünde ohne Wenn und Aber vor Gott bekennen (vgl. Ps 51), und das sofort und ohne lange Verschiebespiele. »Wer seine Sünde leugnet, dem wird's nicht gelingen; wer sie aber bekennt und lässt, der wird Barmherzigkeit erlangen« (Spr 28,13).

Zu echter Buße gehört, dass ich anfange, die Quellen meiner Versuchungen bewusst zu meiden. *»Aber ich muss da einfach hinsehen.«* Das mag manchmal stimmen, aber wenn ich an einen Strand voller Bikini-Schönheiten fahre, obwohl ich genau weiß, was mich dort erwartet, wird dieser Satz zur Ausrede. In ein Sexkino zu gehen und die Augen zu schließen, ist besser, als den Film anzuschauen. Noch besser ist es, aufzustehen und zu gehen – und am allerbesten, gar nicht erst hinzugehen! Buße bedeutet nicht nur, sich von der geschehenen Sünde abzuwenden, sondern auch, aktive Vorbeugung zu betreiben.

Sie sind ein Single, aber keine Jungfrau mehr? Dann können Sie sich vornehmen, *ab jetzt* sexuell rein zu sein. Vergebung beseitigt nicht automatisch alle Folgen meiner Sünden, aber sie öffnet mir den Weg, mit dem Sündigen aufzuhören und ab jetzt den Segen der Reinheit zu genießen.

Lassen Sie sich von dem, was ich über die Folgen der Sünde gesagt habe, nicht entmutigen. Der allmächtige, gnädige Gott kann aus Asche Diamanten schaffen. Egal, was wir getan haben, in dem Augenblick, wo wir in Buße vor Gott treten, nimmt er uns in das Zentrum seines Willens hinein. Gott ist wie der Vater im Gleichnis vom verlorenen Sohn: »Sein Vater [sah ihn] und hatte Erbarmen; und er lief, fiel ihm um den Hals und küsste ihn« (Lk 15,20; Schlachter 2000). Er wird uns seine Gnade zeigen, dass wir nur so staunen werden. Er kann uns reinigen und zu Gefäßen machen, die »dem Hausherrn nützlich« sind (2Tim 2,21; Schlachter 2000). Wir können durch unsere Sünden gewisse Dinge verlieren; Gottes vergebende Gnade verlieren wir nie!

R wie »Rechenschaft«

Arbeiten Sie aktiv in einer bibeltreuen Gemeinde mit (vgl. Hebr 10,25). Umgeben Sie sich mit Freunden, die Ihre moralischen Maßstäbe heben und nicht verwässern (vgl. 1Kor 15,33). Bitten Sie einen älteren, reiferen Christen, auf Ihrem Weg in die Reinheit Ihr Begleiter und Betreuer zu sein (vgl. Tit 2,2.6-8).

Allein können Sie den Kampf nicht gewinnen. Suchen Sie sich einen Menschen, den Sie jederzeit anrufen können, wenn Sie Fürbitte oder sonstige Hilfe brauchen. Ich habe einen Freund, der einen seiner geistlichen Betreuer eisern jeden Tag anruft, egal, ob er gerade mit einer Versuchung kämpft oder nicht. Auf diese Art betreibt er effektive Sündenvorbeugung, anstatt sich erst dann zu melden, wenn das Kind in den Brunnen gefallen ist.

Vor etwa 20 Jahren wurden die Mitarbeitersitzungen in unserer Gemeinde so groß, dass man ohne Weiteres ein wenig auf Tauchstation gehen und persönlichen unangenehmen Fragen ausweichen konnte. Das fand ich nicht gut, und ich fing an, mich jede Woche mit zwei anderen Pastoren zu treffen. Darauf begann ich eine zweite Gruppe mit vier Laien. Wir begannen unsere Treffen damit, dass wir die Bibelstellen aufsagten, die wir auswendig gelernt hatten. Darauf beantwortete jeder die folgenden Fragen:

Wie sieht dein Verhältnis zu Gott zurzeit aus? Wie ist es in deiner Ehe, wie mit deinen Kindern? Was für Versuchungen hast du gerade, und wie gehst du mit ihnen um? Wie war dein Gedankenleben in der letzten Woche? Hast du dir regelmäßig Zeit zum Bibellesen und Beten genommen? Wem hast du das Evangelium weitergegeben? Waren deine Antworten gerade alle ehrlich? Wie können wir für dich beten und dir helfen?

Die Männer in beiden Gruppen sagten, dass dies die sinnvollsten 90 Minuten der Woche für sie waren. Für die meisten war es das erste Mal, dass ein Bruder in Christus ihnen solche Fragen gestellt hatte.

Die meisten Christen, die in sexuelle Sünde fallen, haben solche Mentoren und Begleiter, die ihnen diese unangenehmen Fragen stellen, nicht gehabt. Traurig, aber wahr: Je höher ein Pastor, Mitarbeiter usw. aufsteigt, umso dringender braucht er solche Menschen – und umso weniger hat er sie.

Regelmäßig Rechenschaft über sein Leben ablegen – ich brauche das, Sie brauchen das, Ihr Pastor braucht es, Ihre Frau und Ihre Kinder brauchen es. Aber wenn ich mir eine heimliche Sünde leiste, ist das Letzte, was ich will, die Aussprache mit anderen Christen, obwohl ich sie gerade jetzt am meisten brauchen würde.

Eines Abends hatte ich mit starken sexuellen Versuchungen zu kämpfen, die nicht aufhören wollten. Ich rief schließlich einen Bruder an, mit dem ich am nächsten Morgen frühstücken wollte, und sagte: »Bitte bete jetzt für mich und frage mich dann morgen früh, was ich gemacht habe.« Er sagte zu. Als ich den Hörer wieder auflegte, war die Versuchung weg. Wie kam das? Weil ich so ein toller Christ war? Nein, sondern weil ich den Gedanken, diesem Freund am nächsten Morgen eine Sünde bekennen zu müssen, nicht ertrug.

Dieser Freund war sozusagen meine geistliche Notrufnummer. Es war besser für mich, sofort Hilfe zu bekommen, damit ich gar nicht erst sündigen musste, als in ein paar Tagen meinen Freunden gestehen zu müssen, dass ich es wieder nicht geschafft hatte. Sich ehrlich seiner Sünde zu stellen, ist gut; die Versuchung sehen, wenn sie kommt, ist besser.

Wer sind Ihre »Notruf-Freunde«?

Jeder geheilte Sexsüchtige wird bestätigen, dass man den Kampf nicht allein gewinnen kann. Der Süchtige ist in seiner Sünde gefangen. Aber sobald er dies einsieht und erkennt, dass er sich nicht aus eigener Kraft ändern kann, steht ihm die Tür zur Hilfe offen – die Hilfe Gottes, aber auch die Hilfe von menschlichen Mitstreitern.

Für den Sexsüchtigen ist ein Treffen pro Woche nicht genug; es kann sein, dass er täglich einen Termin braucht, ob nun am Telefon oder persönlich. Aber Hilfe und Heilung ist möglich, für jeden, der will. Sicher gibt es auch in Ihrer Nähe Selbsthilfegruppen und Beratungs- und Therapiemöglichkeiten, wenn Sie von Ihrer Sucht frei werden wollen.[3]

Risikoprüfung

Vorehelicher Geschlechtsverkehr kann ernste Folgen haben: Entfremdung von Gott, quälende innere Bilder, größeres Risiko von Ehebruch in einer späteren Ehe, ungewollte Schwangerschaften, Geschlechtskrankheiten usw.

Bitte beachten Sie: Vorehelicher Geschlechtsverkehr ist Sünde, eine Schwangerschaft nicht. Treiben Sie das Kind nicht ab! Eine Abtreibung tötet nicht nur das Kind, sondern ist auch ein Anschlag auf die eigene Seele. Auch hier gibt es Organisationen und Adressen, wo Sie Hilfe finden können.[4]

Vor Jahren stellten mein Freund Alan Hlavka und ich je eine Liste der Folgen zusammen, die ein Ehebruch für uns haben würde. Die Listen waren niederschmetternd und sprachen stärker zu uns als jede Predigt. Manchmal (vor allem, wenn ich unterwegs war) las ich meine Liste wieder, bis ich sie schließlich auswendig konnte. Sie riss allen schönen Ausreden die Maske vom Gesicht und erfüllte mich mit einer heilsamen Angst.

Hier eine kombinierte Version unserer beiden Listen. Sie dürfen Sie gerne abändern, um sie an Ihre persönliche Situation anzupassen:

Was würde ich mit einem Ehebruch anrichten?

- Ich würde den Namen meines Gottes und Herrn in den Schmutz ziehen.
- Irgendwann müsste ich vor Gottes Richterthron stehen und ihm erklären, warum ich das damals getan habe.
- Ich würde meiner Frau, die mir treu und meine beste Freundin ist, ungeheuer wehtun.
- Ich würde auch ihre Achtung und ihr Vertrauen verlieren.
- Ich würde in den Augen meiner Kinder unglaubwürdig werden.
- Ich würde große Schande über meine Familie bringen.
- Ich würde den Leuten in meiner Gemeinde sowie meinen Freunden wehtun – am meisten denen, die ich selbst zu Christus geführt habe. (Namen auflisten.)
- Ich würde auf Jahre hinaus mein christliches Zeugnis gegenüber Familienangehörigen und Freunden unwirksam machen.
- Ich würde dem Teufel, Gottes Feind, Freude machen.
- Womöglich würde ich mir eine Geschlechtskrankheit oder AIDS zuziehen.
- Ich würde meine Selbstachtung verlieren und meinen guten Namen in Verruf bringen.

Das ist nur knapp die Hälfte der Punkte auf unseren Listen. *Wenn wir im Voraus bedenken würden, was für verheerende Folgen unsere sexuelle Unmoral haben kann, würden wir sie bei Weitem nicht so leicht begehen.*

Schluss: Wir können es schaffen!

In J.R.R. Tolkiens *Der Hobbit* ist niemand (scheinbar) unbesiegbarer als der Drache Smaug. Was Smaug nicht weiß: An seinem Unterleib gibt es eine kleine Lücke in seinem Panzer, und mehr braucht der Bogenschütze Bard nicht, um ihn zu treffen. Der Pfeil geht bis ins Herz des Drachens, und die Stadt am See ist gerettet.

Eine spannende Geschichte mit Happy End. Aber wenn ein Christ den Pfeilen des Satans erliegt, ist das Ende tragisch. Der Teufel kennt die Lücken in unserer Rüstung genau, und er zielt meisterhaft.

Es beunruhigt mich, wie leichtsinnig viele meiner Brüder und Schwestern in Christus heute sind. Manchmal sind wir erschreckend leicht beeinflussbar, wenn es um das Thema »sexuelle Reinheit« geht. Wir unterhalten uns mit Dingen, die Gottes Heiligkeit beleidigen. Unsere sogenannte Toleranz wird immer größer. Ohne es zu merken, begeben wir uns in das Visier des Teufels. In unseren Gottesdiensten sitzen Männer und Frauen, die längst eine moralische Hornhaut bekommen haben – oder die an der Eiterbeule des schlechten Gewissens leiden, weil sie genau wissen, was für Heuchler sie sind. Sie sind noch anwesend, aber innerlich sind sie meilenweit von Gott und ihren Mitchristen entfernt.

Unser Gott sehnt sich danach, uns zu vergeben und zu heilen, uns von der Straße des Todes auf den Weg des Lebens zu bringen.

Es ist Zeit, Bilanz zu ziehen über unsere Gedanken, Worte und Taten. Es kann sein, dass wir in den Augen der anderen (oder auch unseren eigenen) so unverwundbar erscheinen wie der griechische Held Achilles – aber sobald ein Pfeil unsere Ferse trifft, fallen wir.

Seien Sie ehrlich: Ist Ihre Achillesferse vielleicht die sexuelle Unreinheit? Ist hier die Lücke in Ihrem Panzer? Dann kann es Ihr Leben und Ihre Familie vor dem sicheren Ruin retten, wenn Sie dieses Buch lesen und befolgen. Es kann Sie davor bewahren, den Segen, den Gott Ihnen geben möchte, zu verlieren.

Ist das Unglück schon passiert? Dann schauen Sie auf zu Gottes Gnade und Vergebung. Verlieren Sie nicht die Hoffnung; Gott ist noch nicht fertig mit Ihnen. Seien Sie geduldig, auch wenn Sie durch die Folgen vergangener Sünden (die vielleicht nicht alle Ihre eigenen sind) hindurchmüssen. Gott wird Ihnen den Glauben und die Treue, die Sie ab heute zeigen, reich belohnen. »Denn ihr wisst: Was ein jeder Gutes tut, das wird er vom Herrn empfangen« (Eph 6,8).

»Dann wirst du sicher auf deinem Weg gehen ...«

Gott will nicht, dass wir jeden Tag halb gelähmt sind vor lauter Angst, plötzlich zu fallen. In den Sprüchen Salomos sagt der Weise:

»Mein Sohn, lass dies [d. h. Weisheit] niemals aus den Augen; bewahre Überlegung und Besonnenheit! Sie [d. h. Weisheit und Erkenntnis] werden deiner Seele zum Leben dienen und zum Schmuck deinem Hals. Dann wirst du sicher auf deinem Weg gehen, und dein Fuß stößt nicht an. Ohne Furcht wirst du dich niederlegen, und liegst du, so wird dein Schlaf süß sein. Du brauchst keinen plötzlichen Schrecken zu fürchten, auch nicht den Untergang der Gottlosen, wenn er kommt. Denn der HERR wird deine Zuversicht sein und deinen Fuß bewahren vor dem Fallstrick.« Sprüche 3,21-26 (Schlachter 2000)

Wenn wir täglich mit Christus gehen, auf unser Herz achten und den Bund mit unseren Augen halten, dann (und nur dann) können wir unseren Weg »sicher ... gehen« und brauchen uns nicht zu fürchten.

Eine letzte Frage

Sind Sie bereit, in Ihrem Leben mit der sexuellen Reinheit Ernst zu machen oder wieder Ernst zu machen? Jetzt ist die Gelegenheit! Nichts geht schneller vorüber als der Augenblick, in dem wir die Wahrheit sehen.

Gott hat ein Universum erschaffen, in dem das Gute immer belohnt und das Böse immer bestraft wird. Reinheit ist klug. Immer. Unreinheit ist töricht. Immer.

»Ich, der HERR, kann das Herz ergründen und die Nieren prüfen und gebe einem jeden nach seinem Tun, nach den Früchten seiner Werke.« Jeremia 17,10

Leben Sie so, dass Ihr Herr Ihnen einst sagen kann: »Recht so, du tüchtiger und treuer Knecht« (Mt 25,21). Wenn wir diese Worte aus seinem Munde hören, werden die Mühen, die wir auf uns genommen haben, und die von uns gebrachten Opfer unendlich klein werden.

Machen Sie Gott Ehre durch ein Leben in sexueller Reinheit. Dann werden Sie seinen Segen erfahren, nicht nur heute, morgen und in zehn Jahren, sondern in alle Ewigkeit. Wenn wir heute Reinheit säen, werden wir einst eine große Ernte bekommen. Dann werden wir uns nicht schämen müssen, wenn wir auf unser Leben zurückschauen, sondern uns freuen und dankbar sein.

Anmerkungen

1 Siehe Randy Alcorn, *Wer gibt, gewinnt*, Hänssler Verlag, 2004.
2 John Piper, *Future Grace*, Sisters, OR: Multnomah Publishers, 1995, S. 336.
3 Z. B. Weißes Kreuz e. V., Weißes-Kreuz-Str. 1-4, 34292 Ahnatal, Telefon: 05609/8399-0, Fax: 05609/8399-22.
4 Z. B. Weißes Kreuz e. V., Weißes-Kreuz-Str. 1-4, 34292 Ahnatal, Telefon: 05609/8399-0, Fax: 05609/8399-22.

Das CLV-Lesebuch

Das Gesamtverzeichnis aller CLV-Produkte – komplett vierfarbig, viele Leseproben.

Bibeln · Kommentare & biblische Lehre
Nachfolge & Jüngerschaft · Evangelistische Bücher
Biografien & Erzählungen · Sachbücher & Zeitkritisches
Kinder- & Jugendbücher
Andachtsbücher · Bildbände
CDs, DVDs und Bibelsoftware · fremdsprachige Bücher

BÜCHER, DIE WEITERHELFEN

Dieses Buch erhalten Sie in Ihrer Buchhandlung oder bei CLV · Postfach 11 01 35 · 33661 Bielefeld